부부 변호사 : 이혼의 세계

부부 변호사
:이혼의 세계

ⓒ 법무법인 재현, 2025

초판 1쇄 발행 2025년 3월 14일

지은이   법무법인 재현
펴낸이   이기봉
편집   좋은땅 편집팀
펴낸곳   도서출판 좋은땅
주소   서울특별시 마포구 양화로12길 26 지월드빌딩 (서교동 395-7)
전화   02)374-8616~7
팩스   02)374-8614
이메일   gworldbook@naver.com
홈페이지   www.g-world.co.kr

ISBN   979-11-388-4022-4 (03330)

since1985

40년 전통의 이혼·가사특화로펌
법무법인 재현

부부 변호사
:이혼의 세계

법무법인 재현 지음

좋은땅

이혼전문변호사라고요?

우리가 이혼전문변호사라고 하면 사람들은 '이혼을 시키는 변호사'라고 생각합니다. 사실 그렇지만은 않은데 말이에요. 우리도 평범한 부부고, 사랑스러운 두 아이를 가진 부모랍니다. 아이가 태어나던 탄생의 순간, 그리고 작은 옹알이가 귀가 따가울 정도의 쫑알거림이 되는 과정까지, 그 모든 시간을 기억하고 있지요. 그래서 저희는 그 누구에게도 쉬이 이혼을 권하지는 않습니다. '이혼전문변호사'인데도 말이죠.

이 책은 다양한 '이혼 이야기'를 담고 있습니다. 나에게 일어날 법한 일도 있고, 이게 정말 사실일까? 의문이 들 정도로 놀라운 일도 있을 거예요. 우리가 책으로 엮어 낸 이야기들은 실제 상황을 온전히 담아내지는 않았지만 큰 골자는 실제와 같습니다. 결국 '실제로 일어난 일'이자, 세상에 존재하는 '다양한 삶' 중 일부라는 겁니다.

이러한 이야기를 만화라는 형식을 통해 공유하게 된 것은 10년이 넘은 세월 동안 이혼전문변호사로서 경험하면서 느낀 것을 다른 사람들에게 전하고 싶기 때문이었습니다.

이제 막 이혼에 대한 고민을 시작하는 분들에게는, 이혼을 결심하기에 앞서 한 번 더 생각해 보는 계기가 되기를 바랐습니다. 지금 처한 상황이 숨 막히고 힘들 수 있어요. 신생아를 독박 육아하는 중인데 배우자는 매일 회식이라며 늦게 들어오고, 또 사소한 문제로 매일 다투는 힘든 날들을 견디고 있다는 걸 압니다. 그래도 이 책을 통해 '이렇게 말도 안 되는 일을 겪는 사람들이 이혼하는 거구나'라는 생각을 하고 내 삶을 한 번 더 견뎌 낼 수 있기를 바랐습니다.

이혼의 과정에 있거나 이미 이혼을 경험한 분들에겐, '내가 이 정도로 이혼을 하는 게 맞았을까'를 고민하며 끝없이 본인에게로 책임의 무게를 지우는 것을 그만 멈추시길 바랐습니다. 당신과 비슷하게 살아온 사람들이 있음을 통해 위로를 받으시길, 그리고 용기가 필요하다면 그 용기를 얻으시길 기도했지요.

아직 혼인하지 않은 분들에게는, 결혼 생활 중 쉬이 접하기 힘든 한 면을 소개하여 이를 통해 '이런 사람도 있구나'를 알고, 결혼이라는 인륜지대사에 앞서 심사숙고하는 신중함을 갖기를 바랐습니다.

평범한 일상을 영위하고 있는 분들이 이 책에 소개된 이야기들을 보다 보면 내 옆의 배우자가 괜히 더 어여쁘고, 고맙고, 또 짠하게 느껴질지도 몰라요. 이 또한 저희가 이 책을 통해 드리고픈 작은 선물입니다.

후반부에는 우리 부부의 소소한 일상을 담아냈습니다. 전반부의 사건 이야기는 아무래도 아프고 어두운 이야기가 주를 이루게 되는데, 이런 무거운 마음만 전하고 싶지는 않았습니다. 그래서 조금은 가벼운 일상의 소재로 잠깐의 웃음을 드릴 수 있는 이야기를 그려 보았습니다. 감사하게도 저희의 생각보다 더 많은 분이 웹툰을 봐주셨고, 또 공감해 주시고 응원해 주셨습니다. 저희 인스타를 구독해 주시는 구독자분들과 이 책을 찾아 주신 독자분들께 감사의 마음을 전합니다. 당신의 일상이 한 소절 한 소절 행복으로 물드시기를 마음 깊이 바라봅니다.

* 이 책을 발간하기까지 많은 도움을 주신 신희연 작가님과 김솔비 변호사님께도 무한한 감사를 전합니다.

목차

1부

이혼의 세계

1. 시작

2. 가정 폭력, 지옥 같은 날들

법무법인 재현

딸랑~

Information

그 분을 처음 보았던 그 날을,
지금도 생생히 기억한다.

주눅 든 얼굴,
어딘가 슬퍼 보이는 표정.

저희 어머니
이혼 상담 좀
받고 싶은데요.

그리고 어머니의 이혼을 적극적으로 돕는
장성한 자녀들.

나의 예상대로,
그녀가 꺼내놓은 결혼 생활은
참으로 고되고 슬픈 이야기였다.

…처음엔, 우리도
남부럽지 않게
행복했어요.

남편은, 퇴근 후 아이를 생각에 치킨 한 마리 사들고
귀가하던 자상하고 가정적인 남자였죠.
…처음에는요.

아빠 왔다!

엣날통닭
7686 - 9988

엣날통닭
7686 - 9988

아빠다ㅇㅇㅇ!

IMF로 실직을 하면서, 남편은 하루아침에 변했어요.

남편은 모든 불행이 아내인 저를
잘못 만나서라고 탓을 했지요.

통장 잔고는 바닥을 보였고,
사는 집은 점점 비좁아졌어요.

남편은 늘 술을 마시고,
아이들 앞에서 저를 무자비하게 때렸죠.

조그마한 아이들이 절 때리지 말라며 남편을 막아서는 걸 보고, 어느 날 퍼뜩 정신이 들었어요.

그 날로, 남편이 술에 취해 잠든 사이 아이들을 데리고 도망쳐 나왔어요..

맨 몸으로 두 아이들을 키우는 것은 가시밭길 같았어요. 파출부, 청소부, 식당 등 안 해본 일이 없었지요.

그래도 아이들 하나만을 보고 살았어요..

몇 년 후엔, 작은 전셋집도 구할 수 있었어요. 이제는 정말로 행복할 일만 남았다고 생각했지요.

엄마, 왜 울어??

00은행

응, 너무 좋아서…

어느 날 남편이 우리 앞에 다시 나타나기 전까지는…

어이구 내새끼들~ 잘 있었어?

어뭇…

나, 일 새로 구했어. 알콜중독 치료도 받고, 정말 반성 많이 했어. 한번만 기회를 줘

남편은, 가정으로 돌아오고 싶어했어요.

그 때 매몰차게 끊어내야 했지만, 아직 어린 아이들을 생각하니 그럴 수 없었어요.

저기…전셋집을 정리하려고 하는데요…

갑자기요?

그게… 아이들 아빠랑 다시 합치게 돼서요…

결국, 남편을 한 번 더 믿게 되었죠.

15

처음 몇 년 간,
남편은 정말로 달라진 듯 보였어요.

감사합니다!
또 오십쇼!

혼자 아이들을 키우는 게 너무 힘들었어서,
다시 기댈 곳이 생긴 게 좋았어요.

행복에 그림자가 드리운 건,
남편이 다시 술을 입에 대기 시작하면서였어요..

그는 사업을 핑계로 다시 술을 마시기 시작했고,
술에 취하면 어김없이 폭력을 휘둘렀어요.

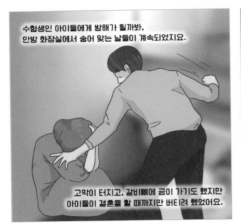

수험생인 아이들에게 방해가 될까봐,
안방 화장실에서 숨어 맞는 날들이 계속되었지요.

고막이 터지고, 갈비뼈에 금이 가기도 했지만
아이들이 결혼을 할 때까지만 버티려 했었어요.

그러나 어느 날,
저는 처음으로 남편에게 반기를 들었어요.

나도 더 이상은
이렇게 못 살아요!!

어딜 감히…!!

왜, 또 때리려고?!

무슨 오기였는지, 남편에게 소리를 지르며 맞섰죠.

그냥, 우리
다 같이 죽자.

그리고 그는, 되돌릴 수 없는 일을 저질렀습니다.

그동안 왜
말을 안 했어
엄마?!

당장 변호사한테
같이 가!!

아들과 딸이 그 간의 일을 모두 알게 되었고,
아이들 손에 이끌려 오늘 여기까지 오게 된 거에요.

16

소장 　　접근금지가처분 　　고소장
　　　　　신청서

모든 이야기를 듣고 난 뒤,
우리는 그녀의 남편을 상대로 소송을 시작하였다.

그러나 그녀의 남편은 생각보다 더 뻔뻔고,

두고 보자…

아내와 자녀들을 향한 그의 무시무시한 협박과
괴롭힘이 시작되었다.

하늘같은
남편을 버리고
감히 이혼
소송을 하다니

[오늘]
오후 7:30

이 배은망덕한 계집애
당장 나와!!!!

선생님, 여기서
이러시면 안 돼요!!

그는 매일같이 가족들을 저주하는 문자를 보내고,
딸의 회사에 찾아가 난동을 부리기도 했다.

이혼 소송은 우리의 예상대로 순탄히 흘러가 막바지에
이르렀고, 의뢰인은 지독한 고통에서 벗어날 생각에
희망에 부풀어 있었다.

406호
법정

소송이 끝나면,
이사도 가고 그
사람과는 연을 끊고
지내려구요.

그동안 정말
감사했어요,
변호사님.

내가 너희를 XX
(&#*$%($)(# 해가지고
)@#*%(#$) 해버릴 줄 알아!
(욕) (심한 욕)
(더 심한 욕)

술을 진탕 마신 그는 상스러운
욕설과 함께 한참동안 폭언을
늘어놓았다.

그의 욕설을 듣던 나는 결국 먼저
전화를 끊어버렸다.

따수운 밥 먹게 해줘,
집도 마련해 줘, 하나부터 열까지
제가 다 했다니까요?

저는 성실하게
일한 죄밖에 없습니다!!

법정에서 그는 자신이 얼마나 좋은 남편이자
아빠였는지를 주장하고 나섰다.

그런데 선고기일을 얼마 남기지 않았을 때,
갑자기 전화 한 통이 걸려왔다.

···?

당신이 박희현
변호사야?!

대표변호사 박희현

그런데, 며칠 뒤 예상치 못한 충격적 소식이 전해졌다.

Attorney 1

변호사님,
OO님한테서 연락이
왔는데요,
급하게 할 이야기가
있으시다고···

······? 무슨 일이지?

그녀의 이야기를 들은 나는, 수화기를 떨어뜨리고 말았다.

변호사님,
남편이······

스스로 목숨을
끊었대요···

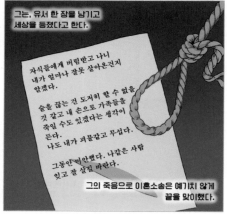

그는, 유서 한 장을 남기고
세상을 등졌다고 한다.

자식들에게 버림받고 나니
내가 얼마나 잘못 살아온건지
알겠다.

술을 끊는 건 도저히 할 수 없을
것 같고 내 손으로 가족들을
죽일 수도 있었다는 생각이
든다.
나도 내가 꺼림칙하고 무섭다.

그동안 미안했다. 나같은 사람
잊고 잘 살길 바란다.

그의 죽음으로 이혼소송은 예기치 않게
끝을 맞이했다.

머리가 띵했다.
며칠 전까지만 해도 수화기 너머 욕설을 퍼붓던 사람이
하루아침에 세상을 떠났다.

내가 그에게 어떤 말 한마디라도
해주었더라면 달라졌을까.

유서에 남겼던 그 마음으로 가족들에게 용서를 빌고,
노력할 수는 없었을까. 그의 선택은 과연 최선이었을까.

마지막까지 이럴 수 있냐며 한참을 울던
의뢰인의 모습이, 지금도 생생하다.

3. 청담동 며느리

많은 사람들은,
부잣집으로 시집가는 여성의 삶을 선망한다.
한때는 나도 그런 생각을 할 때가 있었다.

하지만 지금은 조금도 부럽지가 않다.
이혼전문변호사로서 지금껏 만나온 부잣집
며느리들의 삶은, 참 힘들어 보였으니까.

이들의 이야기를 들어보면, 몇 가지 공통된 특징이 있다.

첫째, 나는 내가 아니요, 가족 구성원일 뿐.

결혼 전의 커리어나 나의 개성은 모래알처럼 사라지고,
철저히 가족의 가풍과 바람에 맞게 살아가야 한다.

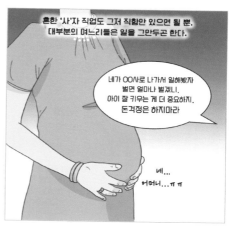

흔한 '사'자 직업도 그저 직함만 있으면 될 뿐.
대부분의 며느리들은 일을 그만두곤 한다.

네가 OO사로 나가서 일해봤자
벌면 얼마나 벌겠니.
아이 잘 키우는 게 더 중요하지.
돈걱정은 하지마라

네...
어머니...ㅠㅠ

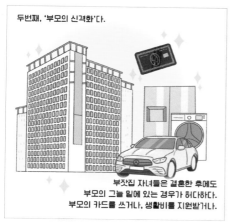

두번째, '부모의 신격화'다.

부잣집 자녀들은 결혼한 후에도
부모의 그늘 밑에 있는 경우가 허다하다.
부모의 카드를 쓰거나, 생활비를 지원받거나.

그렇다보니, 부모의 말은 곧 '하늘'이요 '신'이로다.

우리가 받은 게 있는데,
내가 거기서 어떻게
엄마 편을 안 드냐? 어??

평생을 그렇게 자라온 남편이기에, 며느리도 그래야만 한다.
갈등상황이 생기면 남편은 늘 부모 편이다.

분명한 건, 세상에 공짜는 없다

빛 좋은

개살구

남들은 부잣집 며느리, 신데렐라라며 부러워하지만
실상은 받은 만큼 복종하며 살아야 한다.

부잣집 며느리들은 하나같이 이렇게 말한다.

시댁이 부자인 거지,
제가 부자가 된 게 아니에요.
그냥 허울 좋은
종이었을 뿐…

어느 날 찾아온
의뢰인
A씨의 이야기도
다르지 않았다.

머리부터 발끝까지 비싼
물건을 두른 그녀는,
누가 봐도 "청담동
며느리"였다.

승무원이었던 A씨는 대학시절, 유복한 집안의 남자친구를
만났다. 남자친구는 대학을 졸업하자마자 그녀에게
프로포즈를 했다.

식장에 들어설 때까지만 해도,
A씨의 미래는 그저 화창해만 보였다.

시부모는 상견례 자리에서 A씨를 처음 만났을 때부터,
직장을 그만둘 것을 요구했다.

승무원이면
몸 힘든 직업인데,
그만두고 집에서 쉬렴

힘들게 이룬 꿈이었지만, A씨는 결국 일을 그만두었다.
주변에서는 편하게 산다며 그녀를 시기하기도 했다.

신혼생활을 충분히 즐기고 아이를 갖고 싶었지만,
시댁의 생각은 달랐다.

결혼도 했으니까
손주 안겨
주어야지?

예, 아버지.

…?!
(늦게 가지자며…?)

늘 A씨의 말이 맞다고 해주던 남편은,
아버지의 말 한마디에 곧바로 그러겠노라 했다.

20

시부모님이 마련해준 신혼집은 시가에서 단 '10분거리'였다.

그의 집은 화목한 가족이었고,
A씨는 주말마다 시댁식구들과 모임을 가져야했다.

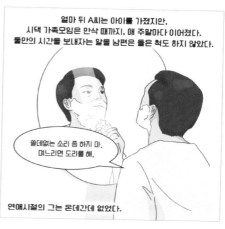

얼마 뒤 A씨는 아이를 가졌지만,
시댁 가족모임은 만삭 때까지, 매 주말마다 이어졌다.
둘만의 시간을 보내자는 말을 남편은 들은 척도 하지 않았다.

쓸데없는 소리 좀 하지 마.
며느리면 도리를 해.

연애시절의 그는 온데간데 없었다.

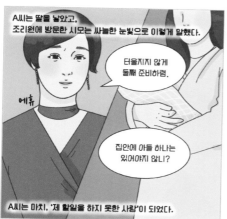

A씨는 딸을 낳았고,
조리원에 방문한 시모는 싸늘한 눈빛으로 이렇게 말했다.

에휴

터울지지 않게
둘째 준비하렴.

집안에 아들 하나는
있어야지 않니?

A씨는 마치, '제 할일을 하지 못한 사람'이 되었다.

남편은 부모와 주종관계에 있다시피 했고,
부모의 말에 꼼짝도 하지 못했다.

굽신

예, 아버지.
예. 예.
바로 가겠습니다.

굽신

그도 그럴 것이, 골프장 회원권과 파인다이닝, 외제차까지
먹고 입고 누리는 모든 게 부모의 지원이었기 때문이다.

하지만 A씨가 원한 삶은 이런 게 아니었다.
그녀는 조금도 행복하지 않았다.

평생의 꿈이었던 직업을 접었고,
세 가족의 행복한 시간과 추억을 모두 포기해야 했다.

마치 남편 집안의 부속품이 된 것 같았다.
남편의 뒷바라지와, 아들을 낳아야 하는 기계일 뿐.

팔자 좋은 소리하네.
부모님 아시면 너
쫓겨난다.

남편에게 도움을 청했지만,
유난 떨지 말라는 차가운 말이 되돌아왔다.

21

매주 주말이면 찾아오는 시가 모임이 숨이 막히게 싫었다.

약 먹으면 되잖아
가서 티 내지 마.

몸이 좋지 않다며 쉬게 해달라 했지만,
남편은 기어코 A씨를 데려갔다.

시부모와 함께하는 식사시간 내내 심장이 뛰었다.
결국, 호흡곤란을 일으켰다.

둘째는 대체
언제 가질거니?

몸 추스렸으면
아들 낳아야지.

…집에서 하는 일 없이
노는 애가.

더는 버틸 수 없었다.

그 날 이후, A씨는 병원에서 공황장애 진단을 받았다.

소식을 들은 시부모는 이렇게 말했다고 한다.

정신병이 있는 애가
우리 손녀는 잘
키울런지…

둘째 낳아야 하는데,
임신 준비 하는 애가
정신과 약 먹어도 되는거냐?

그 말을 들은 날, A씨는 남편과 이혼을 결심했다.

시가에서 체면
때문에라도 이혼은
절대 허락 안 하겠군…

축이 온다

축이 와

A씨와 첫 상담을 진행할 때부터,
이 사건은 결코 쉽게 끝나지 않을 것이라는 감이 왔다.

하나뿐인 아들
이혼했다고 소문나면
어쩌구…

이혼하더라도
손주는 절대로
내줄 수 없고
저쩌구…

A씨는 혹시라도 소장을 받은 남편이 반성할까 기대했지만,
소송에서도 남편은 부모의 꼭두각시였다.

예상대로, 이혼소장을 받은 남편은 길길이 날뛰었다.

이혼?!
절대 못해줘!

이때까지 우리집 돈으로
호위호식 해 놓고,
도대체 뭐가 불만이야?!

이혼소송 중에야 A씨는 비로소 완전히 깨달았다.

저요 변호사님,
절대로 안 흔들릴
거에요.

남편이 이혼을 원치 않은 것은, 그녀를 사랑해서가 아니라
부모를 실망시키고 가문의 명예가 실추되는 게 싫어서였다.

남편과 시부모의 갖은 협박과 회유에도,
A씨는 각종 증거자료를 내며 강경히 대응했다.

…합의 하자.
네가 원하는 대로 다 해줄게
조용히만 끝내자.

소송이 길어지고 점차 A씨에게 유리하게 흘러가자,
결국 남편쪽에서 먼저 이혼을 하겠노라고 연락을 해 왔다.

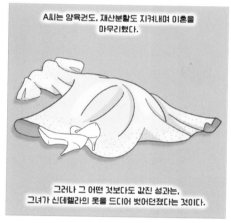

A씨는 양육권도, 재산분할도 지켜내며 이혼을
마무리했다.

그러나 그 어떤 것보다도 값진 성과는,
그녀가 신데렐라의 옷을 드디어 벗어던졌다는 것이다.

사람들은 보통 이혼소송이 길어질수록 힘들어하지만,
남편과 갈라선 A씨의 얼굴에선 하루하루 그늘이 걷혀갔다.

안녕히계세요
여러분~

전 이제 행복을 찾아
떠납니다~

길었던 이혼소송이 마침내 끝났을 때는,
반짝반짝 빛나는 A씨의 웃음을 볼 수 있었다.

돈으로는 많은 것을 살 수 있다지만,
결코 모든 것을 얻을 수는 없는 것 같다.

청담동 며느리의 타이틀을 버리고,
'빛나는 나'를 되찾은 그녀의 행복을 기원한다.

23

첫 시작은 남부럽지 않게 행복했다.

동갑내기 서른 한 살, 적당히 좋은 나이에 결혼해
달콤한 신혼 2년차.

너무 귀엽다~
우리 애도 귀엽겠지?

그럼, 내새끼면
더 예쁘지~

건강이라면 자신 있었고,
나도 남편도 아이를 좋아했기에 짧은 신혼을 즐긴 뒤
곧바로 임신 계획을 세웠다.

난임전문병원

하지만, 1년 반이 지나도록 아기는 찾아오지 않았고
결국 난임센터를 찾아왔다.

원인은 나에게 있었다.
이름도 생소했던 다낭성난소증후군.

임신이 아예
불가능한 것은 아니지만,
어려울 겁니다.

시험관 시술을
시작하는 걸 권해요.

하늘이 무너지는 것 같았고, 의사의 말이 믿기지가 않았다.

남편은 걱정하지 말라며 따스히 나를 위로했다.
그렇게 용기를 내, 시험관을 시작했다.

괜찮아.
요새 주변사람들 보니까
다들 시험관으로 아이
갖더라

울지마, 응?

회사를 다니며 시험관 시도를 하는 것은
쉽지 않았다.

흐아아아…

시간 맞춰 배에 놓아야 하는 주사를
화장실에 숨어, 덜덜 떨면서 맞았다.

하지만 시술은 실패했고,
다시 냉동난자로 시험관을 시도한 끝에...

하늘이 내 정성을 알아주었는지,
얼마 안 지나 임신테스트기에 흐릿한 두줄을 마주했다.

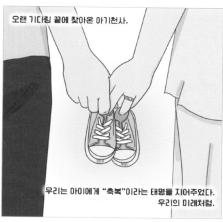

오랜 기다림 끝에 찾아온 아기천사.

우리는 아이에게 "축복"이라는 태명을 지어주었다.
우리의 미래처럼.

그렇게 몇 주가 흘러,
처음으로 아이의 심장소리를 들으러 병원을 방문했던 날.

어우, 떨려
내가 울면 어떡하지?

주책은.
축복이가
놀란다?

***산모
들어가실게요~

ㅎㅎ

마주하게 된 사형선고와도 같은 이야기.

...아이의 심장소리가
들리지 않네요.

그렇게 나는,
너무나 짧은 시간동안 왔다간 아기천사를 떠나보냈다.

유산 이후, 나는 무려 일곱 번의 시험관 시술을 받았다.

연이은 실패,
시간이 흐를수록 몸이 축나고, 잔뜩 예민해졌다.

길거리에서 아이들만 봐도 마음이 무너졌고,
육아예능이 보기싫어 TV를 껐다.

나갈래?

아니, 힘들어.
기운이 하나도 없어.
...잘래.

언젠가부터 남편과의 데이트도 점점 하지 않게 되었다.

남편도 그런 나에게 점점 지쳐가고 있었다.

그는 나와의 시간을 피하기 시작했고, 귀가시간은 점점 늦어졌으며 각종 경조사를 핑계로 외박도 잦아졌다.

어느 날, 술에 취해 새벽에 귀가한 남편이 샤워를 하러 갔을 때, 그의 휴대폰이 울렸다.

3:02
9월 5일 토요일

내사랑♥ : 자기야 잘 들어갔어?
내사랑♥ : 오늘 너무 행복했당~!
내사랑♥ : ♡♡♡

카톡 카톡

그리고 마주하게 된 남편의 부정행위.

난임을 겪는 내가 연이은 시험관시술 실패로 괴로워하는 동안, 남편은 다른 여자를 만나고 있었다.

!!!!

그의 휴대폰에는 애정행각의 흔적들이 셀 수 없이 가득했다.

다음날 남편은 등산모임을 간다며 집을 나섰고, 내 눈으로 진실을 확인하고자 그의 뒤를 쫓았다.

그리고 결국, 남편이 상간녀를 품에 안고 입을 맞추는 것을 보았다.

그날 밤,
모든 진실을 밝히고 따져묻는 내게 남편이 한 대답은 충격적이었다.

너 때문에 나도 힘들어.
나도 할만큼 했어.

…너랑은,
아이를 만들 수가 없잖아.

그는 이 모든 것이 내 탓이라고 했다.

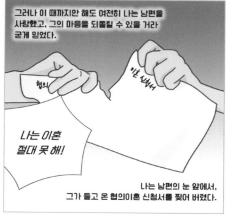

그러나 이 때까지만 해도 여전히 나는 남편을 사랑했고, 그의 마음을 되돌릴 수 있을 거라 굳게 믿었다.

협의

이혼 신청서

나는 이혼
절대 못 해!

나는 남편의 눈 앞에서,
그가 들고 온 협의이혼 신청서를 찢어 버렸다.

남편은 외도가 발각된 이후, 보란듯이 더 늦게 귀가하기 시작했다.

팔락

그 날도, 술에 취해 들어와 쓰러져 자는 남편 대신 자켓을 걸어주려는데, 주머니에서 사진 한 장이 떨어졌다.

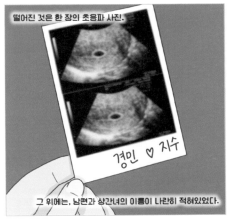

떨어진 것은 한 장의 초음파 사진.

경민 ♡ 지수

그 위에는, 남편과 상간녀의 이름이 나란히 적혀있었다.

띵동

그 길로 나는 시가를 찾아갔다. 그가 상간녀와 아이를 가진 사실을 폭로하기 위해서였다.

이대로 나 혼자 무너질 수는 없다는 생각이었다. 그런데……

갑자기 네가… 어쩐 일이니?

평소와는 다른 공기. 어색한 분위기.

…

에휴…

이 사진 좀 보세요.

초음파 사진을 내민 순간, 찾아든 불길한 예감.

늘 따뜻했던 시부모님은, 누구보다 냉정했다.

이왕 벌어진 일, 어떡하겠니. 지울 수도 없고.

너도 네 인생을 위해 그만, 정리하렴.

그들은 놀라지도, 당황하지도 않은 것 같았다.

설마…
알고 계셨어요?

그의 부모는 끝끝내 답을 하지 않았다.

그 날로, 나는 지옥 속에 살게 되었다.
분노와 자책 속에 하루하루 무너져갔다.

이 모든게, 내가 아이를 낳지 못해서 였을까.

어떤 이들은 말했다. 그와 이혼해주지 말라고.

누구 좋으라고
이혼을 해줘?!

끝까지 버텨!

첩자식으로
키워보라지!

그게 남편과 상간녀에 대한 복수라고.

상간녀의 출산일이 다가오자
남편은 이혼을 해달라며 그제야 빌기 시작했다.

제발.
문 좀 열어봐…

다 내 잘못이니까,
이혼만 해줘.
원하는 건 다 줄게…

똑똑

아이에겐 엄마아빠가
있어야 하잖아…

……

남편의 마지막 한 마디를 듣는 순간,
머릿속의 안개가 걷히는 것만 같았다.

그 길로, 나는 변호사 사무실을 찾아갔다.

할 수 있는 건
전부 다 해주세요,
변호사님.

소송이 시작되고, 출산일이 가까워지면서 남편과
상간녀는 초조해했다.

하

저기요 꼭 이렇게까지
하셔야 했어요?

소송으로 인해 그들의 사이도 썩 좋은 것 같진 않았다.

결국, 남편은 모든 재산을 위자료와 재산분할로 내게
넘겨주기로 했고,
상간녀도 거액의 위자료를 지급했다.

…밥이라도
먹고 갈래?

아니.

긴 아픔의 시간에 비해, 소송은 빠른 끝을 맺었다.

소송 중, 변호사님이 내게 이렇게 물은 적이 있다.

상간녀의 임신사실을 알고도
남편과 헤어질 자신이
없었다고 하셨는데, 어떤
계기로 이혼결심을 하시게
되었나요?

아이에겐 엄마아빠가
있어야 하잖아…

아마도, 내 생각을 바꾼 건 남편의 그 한마디였던 것 같다.

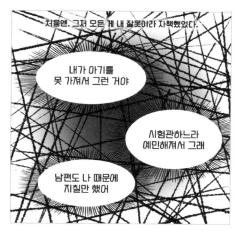

처음엔, 그저 모든 게 내 잘못이라 자책했었다.

내가 아기를
못 가져서 그런 거야

시험관하느라
예민해져서 그래

남편도 나 때문에
지칠만 했어

그런데 남편의 그 말을 듣는 순간…
아기천사가 내게 오지 않았던 진짜 이유를 깨달았다.

엄마~
그런 아빠는 싫어.
엄마의 행복을 위해
다음에 만나~

어쩌면 아기는,
그가 좋은 아빠가 되어주지 못할거란 걸
알고 있었는지도 모르겠다.

누군가는, 쉽게 이혼을 해 준 나의 선택을
바보같다 할지도 모른다.

변호사님 저요,
이제 진짜로 행복해질 수
있을 것 같아요.

그러나 그와의 이혼이 끝나고,
나는 너무나 홀가분해졌다.

2년 후, 나는 오랜만에 변호사님에게 내 근황을 전했다.

변호사님.
저 새출발했어요.
얼마 전에 아기도
가졌어요. ^^
좋은 소식을 변호사님께
알려드리고 싶었어요~~
정말 감사했습니다.

경사 났네~

경사 났어~

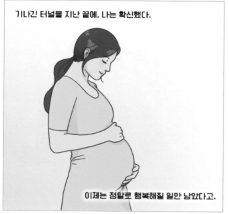

기나긴 터널을 지난 끝에, 나는 확신했다.

이제는 정말로 행복해질 일만 남았다고.

상담을 좀 받고 싶습니다.

어느 날, 한 중년 남성이 사무실을 방문했다.

엄청난 서류뭉치를 들고서.

헐…

검찰청을 가시려던 게 아닐까

덤덤히 이야기를 털어놓기 시작한 그는, 대기업 과장으로 평탄한 인생을 살아왔다고 한다.

취직

자식 농사

결혼

특히 그의 부인은 미모가 매우 뛰어나, 주변의 부러움을 샀다.

지나가는 사람들이 모두 다 한번씩은 돌아볼 정도였다고.

너에게 부인 복을 내리겠노라~

오예~~

그는 아내를 진심으로 사랑했고, 자신이 전생에 나라를 구했다고 생각했다.

그의 아내는 집안도 넉넉한 편이었다.

그래서인지, 결혼 후에도 늘 호화로운 생활을 했다.

31

처음에는 아내에게 너무 무리하는 게 아닌지
물기도 했지만,아내는 늘 태연했다.

내 월급으로
아무래도 모자랄텐데,
괜찮아…?

응, 걱정 마.
아빠가 카드 주셨어.

나의 부족함을 채워주시는 장인어른께 늘 감사했다.

이상함을 처음 느낀 것은 결혼 후 십년 즈음,
어느 명절이었다.

…?

김서방? 나?

어머, 얘.
가방 예쁘다.

김서방이 또 사줬니?
김서방 돈 잘 버는구나?

우리 딸 최강하네~

장모님이 문득 던졌던 한 마디.
그 순간 싸늘해졌던 공기.

아내는 다급히 둘러댔지만,
당황한 기색이 역력했다.

무슨 소리야?
엄마가 사준거잖아~

벌써 깜빡깜빡
하나 보다. 엄마

나 배고파.
밥 먹자.

얘, 내가 언제
너한테 가방을
사줬…

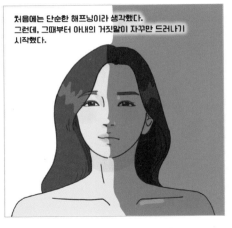

처음에는 단순한 해프닝이라 생각했다.
그런데, 그때부터 아내의 거짓말이 자꾸만 드러나기
시작했다.

나 난생 처음으로
친구들이랑 골프
한 번 쳐보려고.

장인어른 회원권
있다고 했었지?
예약해 줄 수 있어?

아내는 눈에 띄게 당황하며 말을 돌렸다.

어??
아아, 그게…

아빠, 회원권
팔았다고 했었어.
다른 데로 바꾸신대.
내가 말 안 했었나?

아내가 거짓말을 하는 것 같은 수상한 순간들은
그 뒤로도 반복되었다.

장모님 카드말야.
***에서 할인 된다고 했지?
이번에 접대자리 있는데
그걸로 사용하면 되겠다.

아, 음 카드…
음…안 될 것 같은데.
얼마 전에 엄마가 카드
가져갔어!!

…

이상했다.
생각해보니 장모님이 명품가방을 든 것을 본 일도 없고,
장인어른과도 골프에 관한 대화를 나눈 적이 없었다.

혹시 빚을 진 건 아닌가 하는 생각에 통장을
보여달라 했지만, 아내는 순순히 통장을 건네주었다.

에이,
나 의심하는 거야?
설마 당신 몰래
딴주머니라도
찼을까봐?

많이 모았지?

흐음…

월급은 차곡차곡
모이고 있는데…

별 걱정을 다 한다 싶어 안도하던 무렵…

이렇게 성실한
아내를 의심하다니.
나도 참…

띠릭

문자 한 통이 도착했다.

010-****-****

당신 와이프
간수 잘 하시오.

!!!

발신번호로 전화를 걸었지만 닿지 않았다.

고객님의 전화기가
꺼져있어, 다음에…

도대체 왜 전화를
안 받는 거야!!

의심이 점점 커져갔다.

결국 그는 몰래 아내의 휴대폰을
열어보게 되었었다.

메신저에도, 사진첩에도
부정행위의 흔적은 없었다.
그런데…

아내의 휴대폰 캘린더에는,
알 수 없는 암호들이 가득 차 있었다.

알 수 없는 이 암호들은 뭘까.
메모장을 열어본 순간, 그는 휴대폰을 떨어뜨렸다.

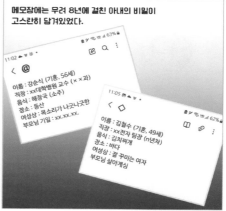

메모장에는 무려 8년에 걸친 아내의 비밀이
고스란히 담겨있었다.

암호들은 아내가 만나는 남자들을 의미했고,
심지어는 받은 선물까지도 하나하나 기재되어
있었다.

캘린더에 기재된 건 성관계 표시였고,
클릭해보면 대가가 나왔다.

그의 아내는 지금껏 수많은 남성들의 스폰을 받아온 것이다.

그는 아내가 만난 남성들에게 상간 소송을 진행하려고
사무실을 찾아온 것이었다.

이게 다, 상간자들
자료입니다.
아내가 8년동안 만난
사람들이죠.

그의 사건은 우리 사무실에서 진행한 동일인 관련소송
중 최다수를 기록했을 것이다.

000씨 사건 (취자용)

피고 A, B, C, D, E, F, G...

총 17건

상간자들은 사회적 지위가 상당한 사람들이었기에,
대부분은 빠른 합의로 종결되었다.

돈은 원하는대로 주겠소.
비밀만
지켜줘요.

따르르릉!!

당장 합의합시다.
얼마면 되겠어요?!

이쪽 입장은
생각도 안 하고 소송을
걸면 어쩝니까?!

따르르릉!!

수많은 상간남들과의 일이 마무리 된 뒤,
그에게 앞으로의 계획을 물었다.

앞으로 아내분과는 어떻게
하실 건가요?

변호사님.
아내를 사랑하는 제 마음은
변하지 않습니다.
저한테는 여전히 최고의
여자예요.

그는 여전히 아내를 사랑하므로,
이혼하지 않고 가정을 지킬 것이라 했다.

지난일은 잊고
잘 살아봅시다.
내가 더 잘 할게.

여보, 미안해.
그동안 속여서…

나는 그의 선택에 아무 말도 할 수가 없었다.
그저 의뢰인의 행복을 빌어줄 뿐이다.

아내분이
정신 차리시길…

6. 반전의 연속

이혼 전문 변호사로 일하다보니, 언젠가부터 영화나 드라마에 별 감흥이 없어졌다.

현실이 더해 현실이

사랑에 빠지는 게 최는 아니잖아!!

아무리 자극적인 드라마도 현실을 못 따라오기 때문이다.

또한, 변호사로서의 경력이 길어지면서 이제는 웬만한 이야기에는 놀라지도, 당황하지도 않는데…….

(평온)

들으시면 많이 놀라실텐데…

완. 전. 괜찮습니다.

어떤 얘기든 자신 있습니다.

최근, 드라마처럼 반전에 반전을 거듭하는 사건이 하나 있었다.

아내가 바람을 피웠습니다. 상간소송을 해 주세요.

처음에는 흔한 상간사건처럼 보였다.

까카오톡

자기야 잘 잤어? 나도 잘 잤어 뿌우~♥

여보야 용돈 보냈어^^ 밥 굶지 말고!

입금내역

입금	100,000
입금	100,000
입금	100,000

빨리 너랑 살고 싶다. 보고싶어서 안되겠어.

통화 녹취록

부정행위 증거는 차고 넘쳤고, 우리는 상간남을 상대로 소장을 접수했다.

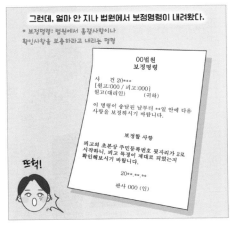

그런데, 얼마 안 지나 법원에서 보정명령이 내려왔다.

＊ 보정명령: 법원에서 흠결사항이나 확인사항을 보충하라고 내리는 명령

○○법원
보정명령

사 건 20***
[원고:000 / 피고:000]
원고(대리인)   (귀하)

이 명령이 송달된 날부터 **일 안에 다음 사항을 보정하시기 바랍니다.

보정할 사항

피고의 초본상 주민등록번호 뒷자리가 2로 시작하니, 피고 특정이 제대로 되었는지 확인해보시기 바랍니다.

20**.**.**

판사 000 (인)

뜨헉!

정말로 상간남의 주민등록번호는 <여성>이었고, 처음에는 피고를 잘못 찾은 것은 아닐까 검토했지만,

아무리 봐도 그 사람이 맞는데…

흠

1. 이름 일치 ✓
2. 직장 일치 ✓
3. 사진 일치 ✓

아무리 봐도 상간자는 처음에 찾은 사람이 맞았다.

나는 조심스레 이 사실을 남편 의뢰인에게 알렸고,
그러자 그는 그럴리가 없다며 완강히 부인했다.

그럴 리가 없습니다!
아내의 외도 사실을 알고
상간남과 통화까지 했고, 그
놈은 저한테 죄송하다며
형님이라고 부르기까지
했다구요!!

우리는 대혼란에 빠졌다.

통화녹음을 듣고, 직원들 사이에서도 의견이 분분했다.

대표 변호사님:
목소리를 들으니
남자구먼~

변호사 A:
끝처리가 묘하게
의심스러워요.

직원 B:
저도 남자 같은데요?
미성인 남자도
많으니까!

직원 A:
남자인 척 하는
여성인 듯요.

직원 C:
제 본능적 직감이
남자라고 말하고
있습다.

변호사 B:
목소리가 저음인
여성이라면 충분히
변조도 가능할 것
같습니다.

진실은 모호했기에, 나는 모든 가능성을 열어두고 소송을
진행하기로 했다.

일단은 재판에서 상대방의
항변을 들어보겠습니다.
본인이 부정행위한 사람과
동일인임을 인정하는지요.

사람은 이성간의 관계에서만 가능한 것이 아니고,
법적으로도 부정행위의 주체를 이성에 한정하고 있지는
않기 때문이다.

첫 기일이 가까워지도록 상간자는 아무런 답이 없었고,
어느 날 한 여성에게서 전화가 걸려왔다.

그 사람이
여자였다고요?!??!!!
저는 몰랐어요!!!

의뢰인의 아내였다.

남편한테 미안한 건
미안한 거고!
이 놈의 정체를 꼭
밝혀야겠어요!!

전 개가
남자인 줄 알고 사귄
거라구요!

씩씩

사기꾼 같은 놈!

그녀는 자신의 부정행위 상대가 여성인 걸 전혀 몰랐다며,
분노와 함께 증거자료를 잔뜩 가져다 주었다.

증거자료들을 검토하면서,
나는 여러 번 놀라고 말았다.

드라마보다

더하구만

마치 드라마와 같은 반전의 연속이었다.

첫째, 두 사람은 소송 전까지 **랜선연애**였다.

썸
사귐
같이 살 집 알아보기
부모님 허락받기

OOO님의 말: 우리 드디어 처음 만나면 나 부끄러워서 도망갈 것 같다 ><

'처음' 만나면…?!!!???!

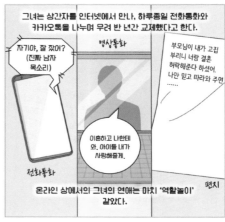

그녀는 상간자를 인터넷에서 만나, 하루종일 전화통화와 카카오톡을 나누며 무려 반 년간 교제했다고 한다.

자기야, 잘 잤어? (진짜 남자 목소리)

영상통화

부모님이 내가 고집 부리니 너랑 결혼 허락해준다 하셨어. 나만 믿고 따라와 주면 ……

이혼하고 나한테 와. 아이는 내가 사랑해줄게.

전화통화

편지

온라인 상에서의 그녀의 연애는 마치 '역할놀이' 같았다.

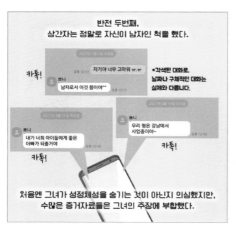

반전 두번째, 상간자는 정말로 자신이 남자인 척을 했다.

카톡!

자기야 너무 고마워 ㅠ.ㅠ

뽀니
남자로서 이것 뿜이야^^

*각색된 대화로, 남자냐 구체적인 대화는 실제와 다릅니다.

뽀니
내가 너희 아이들에게 좋은 아빠가 되줄거야

뽀니
우리 형은 강남에서 사업중이야~

카톡!

카톡!

처음엔 그녀가 성정체성을 숨기는 것이 아닌지 의심했지만, 수많은 증거자료들은 그녀의 주장에 부합했다.

그녀는 부정행위보다도, 남자인 척을 한 여성에게 지금껏 속았다는 사실이 너무도 부끄럽다고 했다.

만나려고 하면 전날이나 당일에 늘 핑계를 댔어요. '사고가 났다', '가게가 늦게 끝난다' 하면서요. 저도 남편과 이혼한 상태가 아니라서 조심스러웠고요.

어휴...

지금껏 직접 만난 적이 전혀 없었던 거군요.

시간이 흘러 재판일이 다가오고, 나는 상간자의 정체에 궁금한 마음을 가득 품고 법정으로 향했다.

법정 →

헉, 그 사람이다!

그리고 법정에 출석한 그를 보자마자, 증거자료속 인물이라는 것을 한 눈에 알아볼 수 있었다.

피고의 생김새나 옷차림은 얼핏 남성으로 오인할 법했다. 그러나 찬찬히 보면, 여성이라는 것을 금방 알 수 있었다.

네, 제가 OOO인데요?

짧은 머리, 미소년감느 얼굴

남자라고 오인할법한 저음 목소리

보이시한 옷차림

아마도 그가 반 년간 '랜선연애'만 고집한 이유일 테다.

38

그는 재판에서, 자신은 우정을 나누었을 뿐이라
주장했다.

증거가 이리
명확한데…이게
우정이라고요?

전 여자고,
걔도 여자에요!
부정행위라니
말이 돼요?
그냥 우정이에요!!

법원에서 당당한 태도로
'동성끼리 사랑이 말이 되냐'는
반문을 제기하면서, 부정행위가
아니라고 반박했다.

상간자는 결국 위자료 지급 판결을 받았고, 이 사건은 남편과
아내 모두에게 충격과 상처를 안기고 끝이 났다.

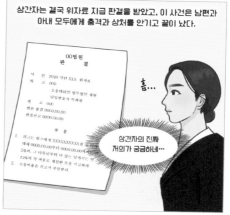

흠…

상간자의 진짜
저의가 궁금하네…

부정행위 (바람)이 들켜 상간소송이 들어왔을 때,
상간자의 반응은 대부분 몇 가지로 나뉜다.

(촉이 정확한 편)

1	2
8	3
7	4
6	5

…이번 사건은
2번이겠군.

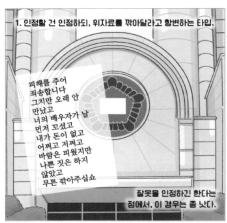

1. 인정할 건 인정하되, 위자료를 깎아달라고 항변하는 타입.

피해를 주어
죄송합니다
그치만 오래 안
만났고
너의 배우자가 날
먼저 꼬셨고
내가 돈이 없고
어쩌고 저쩌고
바람은 피웠지만
나쁜 짓은 하지
않았고
무튼 깎아주십쇼

잘못을 인정하긴 한다는
점에서, 이 경우는 좀 낫다.

2. 부정행위 한 적 없다고 빡빡 우기는 유형.

네, 모텔 들어갔어요.
그래서요?

그냥 회식 끝나고
술 깨러 간건데요?

코로나로 9시에
나가래서
2차로 모텔
간건데요?

우리 모텔에서
업무 스트레스 풀려고
컬러링북
색칠했거든요?!

실제로 들은 대사임.

코로나 시기에 급 증가한
항변유형이라 할 수 있다.

3. 원고의 배우자를 대신 변호하는 상간자 타입.

얼마나 잘 못해줬으면
남편이 바람을 피웠겠어?
이남자가 얼마나 외로웠
바람을 피웠겠냐구!
이 남자의 마음을
네가 알아?
파탄은 너 때문이야!

이 유형의 경우, 반성이 없다는 이유로
높은 위자료를 선고받을 가능성이 매우 높다.

마지막으로, 빠르게 합의하는 타입이 있다.

죄송합니다.
다시는 안 만나겠습니다.
각서도 쓸게요.
어디로 입금하면 돼요?

송금 완료

(금액 깎지도 않음)

가장 깔끔한 케이스라 할 수 있다.

이번엔, 바람을 피운 '배우자'를 보자.
이 경우는 조금 더 심플하게 갈린다.

뿌엥

내가 잘못했어…!
애들 생각해서
딱약 한 번만 용서해줘!

이번만 넘어가주면
평생 잘할게!!

첫째, 이혼당하지 않기 위해
배우자에게 싹싹 비는 유형.

이 경우는, 자신이 바람 피운 증거를 배우자에게 적극적으로
제공하여 배우자의 상간소송을 돕기도 한다.

반대의 케이스는, 상간자와 더욱 돈독해지는 유형이다.

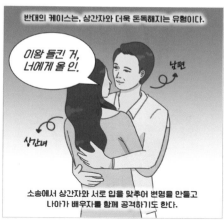

소송에서 상간자와 서로 입을 맞추어 변명을 만들고
나아가 배우자를 함께 공격하기도 한다.

마지막으로, 소송 초반까지는 연인 관계를 유지했지만
결국은 위자료 지급 때문에 사이가 나빠지는 유형이다.

변호사로서 원고를 대리할 때도, 피고를 대리할 때도 있지만
느끼는 점은 늘 비슷하다.

41

이혼소송이라면 다들 치열한 다툼을 생각하지만, 상당부분은 '합의'를 통해서 종결된다.

그런데 이 합의는 마치 유리구슬과도 같아서,

소중...

언제든 사소한 이유로도 쉽게 깨지곤 한다.

그 이유는 소송까지 온 이상 양측 모두 감정적인 골이 깊을 뿐 아니라,

변호사님, 저 남자 순 사기꾼이에요!

합의는 무슨! 뭔가 꿍꿍이를 숨기고 있는거라니까요?!

서로에 대한 불신이 뿌리깊게 박혀있기 때문이다.

합의는 양보를 전제로 하는데, 대부분의 이혼하는 부부들은 서로가 자신이 더 많이 양보했다고 생각하기 마련이다.

내가 진짜 드러워서 여기서 끝내는거지!!

쩌저적...

쩌저저적...

누가 할 소리??! 치사해서 증말!!

한 번은, 모든 사안에 합의가 되어 도장만 찍고 끝내려는 찰나, 예상치도 못한 이유로 합의가 깨져버린 적이 있다.

아니 그게 아니라요...

내가 왜 <을>입니까??! 기분 나빠서 못하겠소!!

합의서

갑 : 000
을 : 000

합의서에는 보통 원고가 <갑> 피고가 <을>로 기재되는데, 상대방이 자신이 <을>로 표기되는 것에 반발한 것이다.

결국, 갑-을 논쟁으로 시작한 다툼은 불길처럼 화르륵 번졌고, 당사자간 감정이 상해 합의 자체가 와장창 깨지고 말았다.

파워 결렬

돌려줘요 내 합의...!

한 번 깨져버린 합의의 유리구슬은 종처럼 되돌리기 어렵다.

이럴다 보니, 어렵사리 만들어낸 합의는
최종적으로 합의서나 조정조서에 도장을 찍기
전까지는 아주 소중히 다루어야만 한다.

변호사

판사

당사자

조정기일에서 합의가 된 경우, 판사가 조정조서를 작성하러
내려오기까지 기다리는 약 3~5분의 시간이 있다.

세상에서

제일 어색...

이 5분은 정말로 어색할 뿐 아니라,
합의가 깨질까봐 모두가 조마조마한 시간이다.

처럭처럭...

을 깨질꼐^^

움칫

도장을 찍기 직전까지 안심은 금물이다.

...잠시만요!

뭐야 왜 그래
안 돼 그거 아냐
이러지마 제발

(간절한 마음의 소리)

지혜로운 합의가 진흙탕 다툼보다 나을 때가 많기에,
합의의 유리구슬을 지켜내는 것은
늘 중요한 일이다.

휴

오늘도
지켜냈다...

변호사에게도, 당사자에게도 소중한
합의의 유리구슬.

9. 내 남편은 산타클로스

머뭇...

저, 이런 것도
이혼이 될까요?

이혼 사건을 하다보면 희한한 얘기를 많이 듣지만, 유독
기억에 남는 사건이 하나 있다.

상담을 온 아내는 어렵게 입을 뗐다.
"남편이, 자꾸만 수상한 가방을 들쳐메고 나가요."

오호호호~
메리 크리스마스~

ㄴ ...산타클로스?

남편은 사교적인 사람이에요.
주말이면 늘 약속이 꽉 차 있었고, 친구도 많았죠.

하하하~

건배~

남편은 꾸준히 운동도 했어요.
남편의 차에는 늘 커다란 가방이 있었죠.

이상한 건,
남편은 그 가방을 남이 손대는 것을 끔찍이 싫어했어요.
심지어 아내인 저 한테 마저도요.

웬일로 집에 가져왔네?
빨래 해줄까?

아냐, 내가 할 거야.
내가 알아서 해!

손 대지 마!

평소엔 늘 차에 가방을 두고 다니고,
집에 가져오는 일은 드물었어요.

다녀올게.

여보…… 이사가?;;;
누가보면 가방이랑
결혼한 줄 알겠어;;;

어쩌다 가져와도 꼭 본인만 손댈 수 있었죠.

남편에 대한 의심은 단순한 의문점에서 출발했어요.

헬스장에 사기라도 당한건가

내 남편은 운동 N년째, 근데 몸이 왜 저런가?

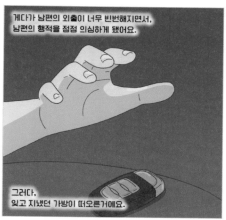

게다가 남편의 외출이 너무 빈번해지면서, 남편의 행적을 점점 의심하게 됐어요.

그러다, 잊고 지냈던 가방이 떠오른거에요.

남편이 자는 사이, 남편의 차로 가서 가방을 열어 봤어요. 가슴이 얼마나 떨리던지…

두근 두근

가방을 열자마자, 그대로 바닥에 주저 앉고 말았어요.

이게…뭐야?!

그속에는…

남편의 가방에는, 여자 속옷과 치마들이 가득했어요.

대부분은, 여러 번 입었던 흔적이 있었죠.

그때까지만 해도
전 남편에게 여자가 있는 줄 알았어요.

대체 이 원피스랑
구두가 다 뭐야?
여자 있는거야?

그러나 속옷을 들이밀며 진실을 물었을 때…

남편은 생각지도 못한 대답을 하더군요.

그거……
내가 입는거야……

남편은 오래 전부터 그런 취미가 있었다고 하더군요.

우성

우성

남편의 산타클로스 가방은,
'변신가방'이었던 거에요.

비비디아바디부!
메리 크리스마스~

어머, 감사합니다
산타할아버님

남편은 미안하다 하면서도,
저를 회유하기 시작했어요.

내가 바람을
핀 것도 아니고…

그냥 취향이야.
다들 판타지 하나씩
있잖아??

남편을 이해해보려고도 해봤지만,

사랑해 여보~

응…

남편과 스킨십을 할 때마다,
원피스를 입은 그의 모습이 머릿속에 떠다녔어요.

46

이혼?!! 이혼이 장난이야?!

어디 한 번 법대로 해 봐! 받아들여 지나!!!

결국 남편과 헤어짐을 고민하게 되었지만, 남편은 이런걸로 이혼이 될 거 같냐 반문하더군요.

그래서 결국, 저는 변호사사무실을 찾아가게 되었어요.

솔직히 얘기해주세요 변호사님… 저, 이혼할 수 있을까요?

결국, 의뢰인은 이혼소송을 진행하기로 했다.

꼭 바람이나 폭력같은 것만 이혼사유는 아닙니다.

부부로서의 관계를 지속할 수 없는 치명적인 이유라면, 이혼사유가 될 수 있어요.

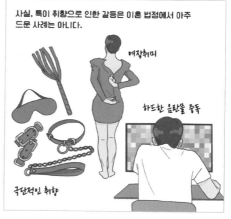

사실, 특이 취향으로 인한 갈등은 이혼 법정에서 아주 드문 사례는 아니다.

여장취미

하드한 음란물 중독

극단적인 취향

누군가는, 취향은 존중가능한 영역이라 하는 이들도 있다.

에이, 그런 것쯤은, 살다보면 더 큰 문제도 많은데 그 정도면 양반이지.

그러나 부부관계에서 가장 중요한 것은 '신뢰와 소통'이다.

그게 깨지는 순간 관계는 걷잡을 수 없이 무너진다.

이혼소송에서 남편은 '취향존중' 타령을 했고,
화려한(?) 언변으로 맞서며 버텼다.

부부라고 해서
지극히 개인적인
사생활까지 다 알려야
합니까?

가장이 무게가 버거운
남성이 현실과 단절하는
출구이자 지극히 사적인
연극에 불과합니다!

여장은 범죄도 아니고, 그저
스트레스를 풀기 위한
취미활동 입니다!!

'취향'이라는 것은 상호 이해와 존중이 가능해야한다.
그러나 이 사안은 그렇지 않았다.

아내가 이 사실을 알았다면,
피고와 결혼했을 것이라고
생각하십니까?

결국 이혼은 이루어졌고,
나아가 아내가 남편으로부터 위자료까지 받으며
두 사람은 헤어졌다.

여장행위를 알리지 않은
것은 부부간의 신뢰를
깨뜨릴 수 있는 사유로 보기
충분하고,

혼인 파탄의
핵임은 피고에게
있다 할 것 이다.

이혼으로 의뢰인이 곧바로 행복해진 것은 아니었다.
아마도, 충격과 상처를 회복하기 까지는 긴 시간이
필요할 것 같다.

앞으로, 아무도 못 믿을
것 같아요…

자신의 취향이 건전하고 당당하다고 맞섰던 남편은,
제 3자에게 누설만 하지 말아달라며 항소를 포기했다.

기왕 이렇게 된 거,
어디 가서 소문만 내지
말아주라…

께질한 놈…

결혼이 깨지는 이유는 정말로 다양하다는 사실을
또 한번 깨달은 사건이었다.

이런 일로 이혼할
거라고는 상상도 못했을
텐데…

그러게…

48

드라마에서 <출생의 비밀>은
마치 클리셰처럼 자주 등장한다.

예나…
선정이 딸이에요.

쥬 륵

변호사가 되기 전에는,
출생의 비밀은 그저 막장드라마 소재인 줄 알았다.

에이…저런일이
어떻게 있어?

딱 보면
내 자식인지 아닌지
모르나?

그러나 가사소송에서,
'출생의 비밀'을 둘러싼 다툼은 생각보다 흔하다.

BIG SECRET

니 새끼가   내새끼가

WHO'S
BABY

몇 해 전, 징그러울 정도로(?) 치열했던 이혼소송을
맡은 적이 있다.

ㄱ 싸움 ㄱ 잡채

남편과 아내 둘 다 아이를 키우기를 강하게 원했고,

아내는 갑자기 아이를 데리고 집에서 나가
잠적을 해버렸다.

텅~

!!!!

사전 처분
: 이혼소송 중 양육비나
면접교섭 등에 대하여
임시로 정하는 것

결국 남편은 이혼소송을 진행했고,
소송 중 아이를 만나도록 하는 사전처분 결정을 받았다.

그러나 아내는 단 한 번도 아이를 보여주지 않았다.
오히려 허위내용으로 남편을 마구 고소하기 시작했다.

남편을 아동학대로
고소합니다!

협박죄로 고소할게요.

남편한테 당한
폭행으로 고소합니다.

고소장

판사의 질책에도 아내는 꿈쩍하지 않았고,
아이를 몇 달 째 보지 못한 남편은 미칠 지경이었다.

제발…목소리라도
들을 수 있다면…

아이를 그리워하던 남편은 결국,
어린이집에 몰래 가서 아이를 만나게 되었다.

지우야!!!

그런데, 예상치 못한 사고가 일어났다.

미끄럼틀에서 떨어진 아이는 크게 다쳐
병원으로 이송되었다.

지우야,
아빠야!!

지우야,
정신 좀 차려봐!!

그런데, 병원에서 예상치 못한 진실과 조우하게 된다.

아이 혈액형이
어떻게 되나요??

O형입니다.

50

수술 전에 한 수혈검사에서,
아이의 혈액형이 알고 있던 것과는 다르게 나온 것이다.

네?
AB형이라고요??

그럴리가...
저랑 아내는 둘다 A형인데...

게다가, 남편과 아내에게선 나올 수 없는 혈액형이었다.

설마 아니겠지...
이렇게 예쁜
내 새끼인데...

고민에 빠졌던 남편은
결국 아내 몰래 아이의 친자검사를 하였고...

스윽

미안하다
지우야...

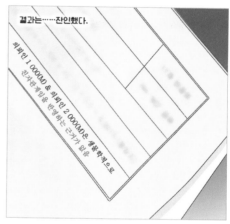

결과는......잔인했다.

의뢰인 1 000(M) & 의뢰인 2 000(M)은
친자관계임을 반증하는 근거가 없음

남편은 아내에게 단도직입적으로 물었다.

대답해.
지우, 내 자식 맞아?

!!!!

늘 당당하던 아내는 갑자기 입을 다물었다.
남편은 아내의 답을 직감했다.

...미안해.

지우야…
지우야아…

그는 진실을 알게된 뒤 열흘동안,
밥도 먹지 못하고 폐인처럼 생활했다.

열흘 째가 되던 날,
남편은 고민을 마치고 우리에게 이 사실을 알렸다.

…변호사님
아이가 제 자식이
아니래요…

출생의 비밀로 인해, 소송은 새로운 국면을 맞이했다

…친자관계 대해서는
저 역시 알지 못했던
일입니다.

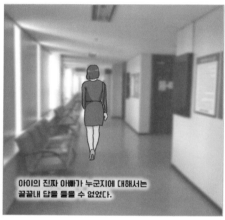

아이의 진짜 아빠가 누군지에 대해서는
끝끝내 답을 들을 수 없었다.

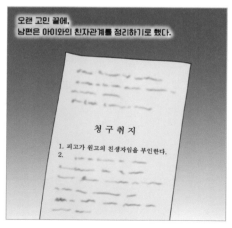

오랜 고민 끝에,
남편은 아이와의 친자관계를 정리하기로 했다.

청 구 취 지

1. 피고가 원고의 친생자임을 부인한다.
2.

그러나, 내 친자식이 아닌 것이 밝혀졌다 해서 기른
정까지 사라지는 것은 아니었다.

남편의 휴대폰 배경화면엔 여전히 아이의 사진이 있었다.

소송은 승소했지만,
남편은 5년간 사랑으로 키워온 아이를 잃고
아이는 아버지를 잃게 되었다.

소송이 끝나고 난 뒤,
아내는 남편에게 처음으로 메시지를 남겼다.

그렇게 남편은 아내와도, 아이와도 헤어졌다.

부디 이 잔인한 결말이,
아버지와 아이에게 오랜 상처가 되지 않길 바랄 뿐이다.

53

수척한 얼굴의 두 사람이 사무실을 찾아왔다.

에휴...

어떤 분이 상담 받을 당사자이신가요?

그는 동생을 대신하여 이혼상담을 받고 싶다고 했다.

제가 아니고 여동생인데요…

이혼을 하려고 하는데 동생이 직접 오지 못합니다.

사연은 이러했다.
그의 여동생은 5년 전, 지병을 가지고 결혼했다.

행복하게 잘 살게요~~

결혼할 때까지만 해도 심각한 정도는 아니었다고 한다.

지영아!!

그러다 3년 전 갑자기 쓰러진 뒤
말을 하지도, 몸을 움직이지도 못하게 되었다.

그런 안타까운 일이 있으셨군요…

그럼 여동생 분과 남편과의 결혼생활은…

저희가 찾아온 게 쟤게 때문입니다!

그놈은, 동생이 쓰러지고 3년동안 병원에 세 번도 오질 않았어요!!

네…?! 삼 년동안 세 번이요?!

휴…

처음 그녀가 쓰러졌던 날까지만 해도, 남편은 슬퍼했다고 한다.

고맙습니다, 장모님

병원비와 간병도 우리가 함께 부담하겠네.

자네도 마음이 얼마나 아프겠어…

아니, 슬퍼하는 것처럼 보였다고 한다.

이렇게 마음 써 주셔서… 정말 감사합니다.

병보다 잔인한 진실이 드리울 것임을, 그녀의 가족들은 알지 못했다.

도대체 전화를 왜 안 받는 거야!

아내가 쓰러진 이후, 남편은 병원에 발길을 뚝 끊었다.

수술실

그래도 수술 끝나고는 얼굴이라도 보고 가야…

일이 바빠서요. 갈게요.

수술 날에도, 남편은 동의서만 작성한 뒤 병원을 떠나 버렸다.

친정 식구들은 그런 사위가 서운했지만,
이해해보려고 노력했다.

그래, 김서방
속도 말이 아니겠지…

시간 지나면
달라질 거야,
우리가 이해하자…

그러나 그 뒤로 남편은 병원에 발길을 뚝 끊어버렸다.
심지어, 병원비조차 부담하지 않았다.

연결이 되지 않아,
소리샘으로…

남편은 아내를 방치했고,
그렇게 3년이라는 시간이 흘렀다.

아내는 계속해서 남편을 기다렸지만,
결국 이혼을 결심하게 되었다.

그래서 이렇게,
변호사님을
찾아왔습니다.

아내가 아프게 되니
버려버린, 금수만도
못한 놈이에요

우리는 남편의 '악의의 유기'를 주장하며,
이혼소송을 제기했다.

○○가정법원

그리고 첫 기일 날이 밝았다.

56

법정에 직접 출석한 남편이 한 말은 놀라웠다.

제 쪽에서도
혼인 취소소송을
하겠습니다!

음?!

저는 결혼당시
아내가 병이 있는 걸
몰랐습니다!

저는 사기결혼을
당한 것입니다!!

죄다
거짓말이에요!

처음부터
다 알고
결혼했다구요!

남편은 아내와 연애를 할 때부터,
그녀의 지병을 알고 있었다고 한다.

아내는 자신의 병이 부담되어 청혼을 거절했지만…

평생 관리하면서
살아야 하는 병인데…

당신에게 짐을
짊어지우기는 싫어.

남편의 끈질긴 구애에, 결국 결혼을 결심했다.

우리 둘이 함께
이겨나가면 돼.

난 당신없이는
못 살아.

57

그리고 이 모든 내용은,
아내의 휴대폰에 고스란히 남아있었다.

아내가 친구에게 쓴 글

결혼 전후 나눈 메시지

결혼 중 함께 병원다니 기록

차고 넘치는 증거들

남편이 병을 알고있었음을 증거자료로 제출하자,
그는 갑자기 말을 바꾸었다.

전 그 병이 먼지도
제대로 몰랐어요!!

그냥 머리 좀 아픈건 줄 알았지...

이게 사기 결혼이
아니면 대체
뭡니까?!

피고는 원고의 병을
알고도 함께 이겨내자며
결혼했습니다.

그러나 증세가 악화되자,
아내를 방치하고 연락을
끊어버린 것입니다!

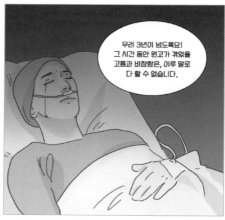

무려 3년이 넘도록요!
그 시간 동안 원고가 겪었을
고통과 비참함은, 이루 말로
다 할 수 없습니다.

······피고.
입원 중인 아내를 3년동안
찾지 않았던 게 사실입니까?

당황

그···그건···!
제가 피해자니까···!

대한민국 민법은 '악의의 유기'를 이혼사유이자
유책사유로 규정하고 있다.

민법 제 840조 (재판상 이혼원인)

2호) 배우자가 악의로 다른 일방을 유기한 때

3호) 배우자 또는 그 직계존속으로부터
심히 부당한 대우를 받았을 때

6호) 기타 혼인을 계속하기 어려운 중대한
사유가 있을 때

부부는 한쪽이 병을 앓거나 자력이 없어졌을 때
서로 돌보고 부양해야 할 의무가 있는데,

검은머리가
파뿌리 될
때까지~

기쁠 때나 *슬플 때나*
함께하며~~~

배우자의 상황을 알면서도 외면하는 것을
유책(잘못)으로 보는 것이다.

아픈 것도 서러운데..
배우자까지 날 떠나는 거죠

씁쓸하게도, 한쪽 배우자가 질병을 겪을 때
참 나쁜 배우자들이 많다.

항암치료 중에 남편이
바람이 났어요...

제가 정애인이 되자,
아내가 집을
나갔습니다...

병이 생기니 시모가 저보고
X신이라고 욕을 하네요...

배우자에게 버림받는 것은 신체적인 고통보다도
훨씬 더 잔인하다.

제 몸이 이렇게 되니,
기다렸다는 듯
버리네요…

이 사안에서도,
남편은 아내에게 재산분할은 물론이고
거액의 위자료를 물게 되었다.

피고는 쓰러진 배우자의
간병과 부양의 의무를 일체
외면하여 혼인생활을 파탄에
이르게 하였으며..

남편은 1심 판결을 받아들이지 않고
항소까지 했지만, 결국 기각되었다.

대체 내가 뭘
잘못했냐고요!!!!

진짜 뉴레기구만...!

그의 가족들은,
법적으로도 혼자가 된 동생이자 딸을
끝까지 극진히 간병할 것이라 했다.

그래도 병 덕분에 그런 놈을
걸러냈으니...

나쁜일만은 아니라고
위안하고 견뎌봐야죠.

그녀는 적어도 이전처럼
마음이 외롭지는 않을 것이다.

가끔 티비에서 같은 병을 앓고 있는 사람을 볼
때면, 지금도 그 의뢰인 생각이 난다.

부디 잘 지내고
계시길...

12. 빗나간 믿음

가끔, 종교로 인한 이혼 상담을 할 때가 있다.

서로 종교가 맞지 않거나…

할렐루야~~
찬양 하세~~

나무 아미타불…

무교에게 종교를 강요하는 경우다.

너, 일요일이
무슨 날인 줄 아니?

음…
짜파*티
먹는 날??

교회 가서
예배 드리는 날이야!!!

최근엔, 배우자가 사이비 종교에 빠져서
이혼하는 케이스도 많다.

아내가 별천지에 빠져서…
우리집 기둥을 뽑아 바쳤소!!

따흑…

그러던 어느날…

어떤 사유로
이혼을 고민하시나요?

…남편이…좀…
이상한 종교 같은 것에…

종교는 아닌가 아무튼…

후후

싸이비 MENU

별천지교

넋만이 진리교

남쪽마을 흐랭이교

메뉴는 하나로 통*교

네~
이 중에서 어떤 것일까요?
뭐든 준비되어 있습니다.

머뭇…

그게요…
사실은 제 남편이…

종말론에
미쳐 있어요!!

두
둥!

종말…론이요?

…아포칼립스?
갑자기?

남편은, 언젠가부터 이상한 유튜브를 시청하기
시작했다고 한다.

안 자? 하루종일
뭘 보는거야~

채널 운영자는 외국인으로,
그는 곧 종말이 온다고 주장했다.

WE ARE ALL
GOING TO DIE!!

하아이고~

인류 멸망보다
부인 먼저 챙기세요!

맨날 혼자 잠들고
외로워 죽겠네~~

처음에는 대수롭지 않게 웃어넘겼지만…

당신…
지금 뭐 하는 거야?

아내는 점차 남편의 심각성을 깨달았다.

남편은 비상식량과 구호물품을 사모으기 시작했다.
방 하나와 창고를 가득 채울 양이었다.

종말에서 살아남으려면
미리 준비해두어야 해.

급기야는…

당신.
대체 뭐 하는 거야!
창문을 왜 막아!

여보, 잘 들어.
곧 종말이 올거고…

꿀꺽

온 세상이
좀비로 뒤덮일거야!!

정말…
미친거야 당신?

…그런 거야?

더 이상 그는, 아내가 알던 남편이 아니었다.

백신을! 맞으면!
좀비가! 된다고!

백신 맞기만 해,
당장 이혼일 줄 알아!

남편의 종말론은 코로나 때 더욱 심각해졌다.

그럼에도 아내는 사랑하는 남편을 포기할 수 없었고,
문제를 알게 된 시가에서도 도움을 주러 왔다.

망상증세가…
심각합니다.

육아부터 끊게 하세요.

애들 엄마 힘들게
대체 왜 이러니, 정신 차려!

하지만 남편은 점점 귀를 막고 오직 유튜브만 믿으며,
골방에 스스로 틀어박혔다.

애 졸업식도 안갈거야?
대체 언제까지 이럴 건데!
밖으로 좀 나와봐!!

그렇게 2년만에… 아내는 백기를 들었다.

더 이상 못하겠어요.
사람사는 집이 아니에요.

남편은 매일같이
이상한 짓만 하고…
아이들도 아빠가 무섭대요.

그동안 정말 많이 힘드셨겠어요…

그동안 많은 이혼 상담을 해왔지만, 이런 경우는 처음이라 말문이 턱 막혔다.

아내는 이혼소송을 제기했다.
사정을 아는 시가에서도, 며느리를 지지했다.

내 아들이라지만, 좀비에 미친놈과 어떻게 살겠니. 새출발 하거라, 아가.

남편은 억울해했다.

좀비로부터 가족을 지키려고 얼마나 노력을 했는데!!

제 말 안 듣고 백신 맞아서 악의 무리에게 현혹된 거라니까요!!

제가 다 바로잡고 고쳐놓을 수 있어요!!

당연히… 이혼은 이루어졌다.

예, 알겠습니다.

피고 측의 좀비 이야기는 충분히 들은 것 같네요.

이제…그만

언젠가… 자기도 정신을 차리겠죠. 불쌍한 사람이에요.

이혼 후, 의뢰인에게 종종 연락을 받는다.
자녀들과 함께 잘 지내고 계신다고.
남편에 대한 마음은, 미움보다는 짠함이라고 한다.

이혼사유 중에 더 낫고 나쁜 게 있겠느냐만은,
이 사건은 '황당 이혼사건 TOP3'로 남게 되었다.

잘못된 호기심

대체 어떤 채널이길래…

65

67

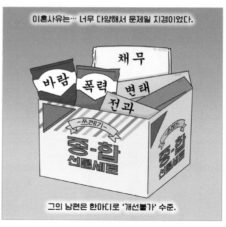

그러나 우려와는 달리 그는 소송을 취하하지 않았고,
예상보다도 훨씬 더 유리한 판결을 받게 되었다.

기뻐할 줄 알았던 의뢰인은 생각보다 떨떠름했고,
얼마 지나지 않아 그 이유를 알게되었다.

의뢰인은 엄마에겐 알리지 말아달라고 신신당부하며,
남편과의 비밀연애(?)를 시작했다.

딸 가진 아빠로서 많은 생각을 하게 된 사건이었다.

15. 사기 결혼에 대하여

사람들은 흔히 <사기결혼>이라는 말을 쓴다.

그래서인지, '사기결혼으로 취소가 되느냐'는 문의가 꽤 자주 들어오는 편이다.

하지만,
다양한 사유를 폭넓게 인정하는 '이혼'과 달리,
혼인취소사유는 매우 엄격하게 인정되고 있다.

혼인 취소사유로 인정되는 대부분의 사유는,
'서류'에 드러나는 것을 감추거나 위조한 경우다.

하지만,
다양한 사유를 폭넓게 인정하는 '이혼'과 달리,
혼인취소사유는 매우 엄격하게 인정되고 있다.

변호사로서도 참 애매할 때가 있다.
과연 결혼을 고려할만한 '중대한 사유'란 무엇인가?

남편이…
…남편이…!!!

여…여보…

어 자기~

대머리였어요!!!

그러나 이런 경우,
대머리는 '혼인을 계속하기 어려운 사유'로 인정되지
않는다.

검은머리
파뿌리 될 때까지
살라면서요!!

머리가 없는데
어떻게 파뿌리가
되냐구웃…!!

얼마 전에는, 만삭인 임산부가
혼인취소를 청구해달라며 상담을 오신 적이 있다.

이걸 보시는 게
빠를 것 같아요,
변호사님

의뢰인이 보여준 동영상은
그야말로 충격적이었는데…

신혼 2년 차.
진실을 알기 전엔 그저 행복했다.

아기 이름은
뭘로 지을까?

언젠가부터,
남편이 알 수 없는 말을 하기 시작했다.

??!!
갑자기
무슨 소리야?!

아랫집에서
도청 장치를
설치한 것 같아.

남편의 말이 더 이상은
농담으로 들리지 않기 시작했을 무렵…

한 두 놈이
아니야.

우릴 조직적으로
미행하고 있어.

아무도 없으니까
제발 가자고!!

어느 날,
남편이 집에 있는 옷을 모두 불태우고 있는 걸 목격했다.

옷에다가
감시 장치를…

중얼중얼…

아내는 덜덜 떨리는 손으로 동영상을 찍었다.

···

아무래도 조현병 증상이
있으신 것 같은데,

결혼 전부터
이런 모습이 있었나요?

제가 혼인취소를
하고 싶은 이유가
그거예요, 변호사님.

남편의 행동이
너무 당황스러워서
시부모님께 그 사실을
알렸는데…

한참을 말이 없던 시어머니께서는…

···

약 먹으면 금방 괜찮아져!
그거 별거 아니다!

72

그 순간, 아내는 심장이 쿵, 떨어졌다고 한다.
출산일을 딱 한 달 남긴 때였다.

무슨…약이요
어머님?

뭔가 알고 계신거에요?
언제부터요?

그 사람…
결혼 전부터 그랬나요?

시끄러워…

시끄럽다구…!!

20…12년?!

건강보험
진료 내역

남편은 아내와 연애를 시작하기 수 년 전부터
조현병을 앓아왔다고 한다.

약을 먹으면 증상이 호전되었기에,
아내는 수년 간 남편의 비밀을 알지 못했다.

*연애시절

멀-쩡

남편의 가족들도 이러한 비밀을 다같이 숨긴 채
아들을 결혼시켰다.

약만 잘 먹으면…
멀쩡해지니까…

최근까지도, 남편은 투약사실을 철저히 숨겨왔다.

웬 약봉투야?
병원 다녀왔어?

어? 어어;;
감기기운이 있어서

스윽

73

그러나 결혼 후,
행복한 신혼생활이 계속되면서…

이제는…
끊어도 괜찮지 않을까?

비극이 시작되었던 것이다.

니들이 나 감시하는 거
내가 모를 줄 알아?!

회사에서
난동 부려서 해고

아내는 사실을 알고 그 자리에서 쓰러졌다.
가장 먼저 떠오른 건, 곧 세상에 태어날 아이였다.

아기…
우리 아기는 어떡해..

정신을 차린 뒤, 아내는 남편과의 이별을 결심했다.

남편이 아픈 거라 하니,
무섭지는 않아요.

하지만 제가
견딜 수 없던 건….

남편과 시가 사람들이
이 사실을 숨기고 절 속였다는 거예요…!

세상에
우리 아들 같은 애가
어딨니~

몸도 건강해서,
병치레 한 번 없었어.

그렇게 소송이 시작되었고,
한동안 연락이 없던 남편은 소장을 받자
전화를 걸어왔다.

갈라서자고?
절대 못 해!

이런 걸로
소송이 될 것 같아?
니네 변호사한테 물어봐!!

74

※ 진짜 물어봄.

네, 됩니다.

단호

휴

소송에서 남편 측은 정신질환을 부인했지만…

진료 기록

입원 이력

처방 내역

흠…

2012년부터 정신분열증을 앓아왔던 건 분명해 보이는데요.

그렇다 해도, 배우자에겐 부양의무가 있으므로 원고의 청구를 받아들일 수 없습니다!

끄응…

만약 남편이 오래 전부터 조현병을 앓아왔던 사실을 원고가 결혼 전에 알았다면, 혼인하지 않았을 겁니다.

끄덕

결국, 이 사건은 남편의 고의적인 기망이 인정되어 혼인은 취소되었고, 위자료 청구도 인정되었다.

하지만 혼인했던 사실이 사라지는 건 아닙니다.

혼인관계증명서에도 '취소'라는 내역이 나오죠.

이 사례는 남편의 조현병력이 명확했기 때문이고,
앞서 말했듯 대부분의 사기결혼 주장은
'이혼'은 될 지언정 '혼인취소' 사유로 인정받긴 어렵다.

아마도,
'그 정도는 덮고 살 수 있다'
-라는 취지가 아닐까요?

그러나 혼인취소 사유를 지나치게 엄격하게 인정하는
것은 동의하기 어렵다.

부부관계에서 가장 중요한건 '신뢰'이기 때문이다.

여보, 나 믿지?

그럼~

그럼 먼저 놔

아냐 여보 먼저

풍성한 척 했잖아!
거짓말 한 게 더 싫어!!!

여보~~!!
돌아와~~!!!!

밝혀진 진실의 무게보다,
'속았다는 사실'이 배우자에겐
되돌릴 수 없는 상처가 되는 경우가 많다.

세상에서 제일 가까운 사이, '부부'로 살아가려면,
어떠한 비밀이든 털어놓고 시작해야 하는 게 아닐까?

자기야, 나 사실
도박빚이 3억…

응, 헤어져.

16. 목격자

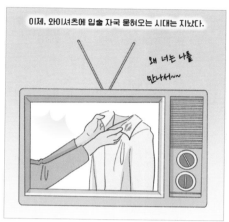

아내가 아이를 홀로 돌보길 일년 째. 어느 날 길을 걷다가…

어? 엄마!!

응??

아들이 문득 내뱉은 한 마디.

저기 저번에 아빠랑 같이 갔었어!!

아이의 손끝이 가리키는 곳에는…

응? 아빠랑? 저기를…?

?

배곧 귀금속
재현 💎 보석
000-000-0000

예물 패션 커플링

응! 아빠가 반짝반짝 공주반지 샀어~!

당신, 율이 데리고 금은방 갔었어?

아내는 남편에게 단도직입적으로 물었다.

아니~ 웬 금은방이야~ 키즈카페 갔다니까

율이 말로는 당신이 금은방에서 반지를 샀다던데?

78

그 말을 들은 남편은 폭소했다.

야 ㅋㅋㅋ
율이가 그런 말을
했다고???

이제 겨우 '고맙습니다',
'싸랑해요' 한 마디씩
하는 애기가?

껀 며칠 전 말도
기억 못해~

그 순간, 아내는 남편이 아이를
금은방에 데려간 이유를 알았다.

···

···지 새끼 발달상태도
모르는구나.

우리 율이가 말을
얼마나 잘하는데!!

퍽

아ㅗ

퍽

한마디? 한마디이~??
니가 그러고도 애빠냐???

그렇다. 한달에 한 두 번 만날까 말까에,
아이와 잘 놀아주지도 않던 남편은
그 새 자기 아들이 얼마나 말이 늘었는지 몰랐던 것이다.

율아~~
재있지???

···네에···

아빠 앞에서 과묵

남편은 아이가 비밀누설자가 될거라곤
상상도 하지 못한 채 애인의 반지를 샀고···

응웅~ 기념일?
당연히 기억하지~
기대해~~

떨뚝~

결국, 외도가 드러나
두 사람은 조정이혼을 통해 갈라섰다.

한심한 놈...!

피고

원고

79

이혼 소송을 하는 사람들은 대부분,
유사한 마음의 변화양상을 보인다.

이혼고민기	소송 직후	분노 폭발기	해탈기
(*가장 길고 힘듦)			
	(*후퇴함)	(*본격적 싸움시기)	(*안정기)

부모님껜 뭐라고
말씀드리지...
회사에는?

살면서 법원 한 번
안 가본 내가
소송이라니...

먼저, '이혼고민기'.
이혼마음은 굴뚝같은데 실행에 옮기기가 쉽지 않을 때다.

이 시기의 고민은 가장 길고 어려워서,
상담을 받은 뒤 오랜 시간이 지나 결단을 내리기도 한다.

저, 반 년 전에 여기서
이혼 상담 받았었는데요.

도저히 협의가 안 돼요.
소송, 진행해주세요.

그렇게 용기를 내 막상 소송을 제기하고 나면,
마음이 후련하다는 사람들이 많다.

이미 주사위는
던져졌다.

막상 소장 날리고 나니
조금 허무하기도 하고?

차라리 후련하네.
어떻게든 되겠지.

그러나 평온도 잠시.
배우자에게서 낯선 반박이 돌아오고 나면,
엄청난 분노폭발기가 시작된다.

부들부들

응 니 잘못.

이 *끼가...!

※상대 배우자 측이
보낸 반박 서면

당사자에게는 가장 힘든 시기다.

나 천하의 나쁜놈처럼
얘기해놓으니까 좋냐?
어?!

누가 할 소리!
쓰레기 한 번 버려본 적
없으면서 네가 무슨
가사노동을 해?!

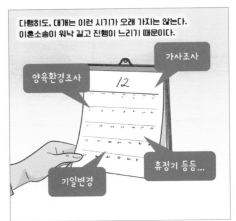

다행히도, 대개는 이런 시기가 오래 가지는 않는다.
이혼소송이 워낙 길고 진행이 느리기 때문이다.

가사조사

양육환경조사

12

기일변경

휴정기 등등...

초반의 고민기와 분노폭발기를 겪고 나면,
대다수는 해탈기(안정기)로 접어든다.

떨어져 있으니까
살 것 같네...

뭐, 잘 되겠거니~

헤어짐을 결심한 생활에 익숙해져,
소송기간 중 오히려 마음의 평안이 오는 경우도 있다.

한가지 다행인 건, 내가 만난 대다수의 의뢰인은
선택을 후회하지 않았다는 점이다.

프리덤!!!!!

※조정 끝나고 나오는 길

그러나 아주 가끔씩은.
그래프를 벗어나는 케이스를 마주하는데...

네...?!
지금 뭐라고 하셨어요?!

아내가 임신을
했습니다.
제 아이요.

순간, 무슨 말을 해야할지 미친듯이 고민했다.

뭐요...?

'축하드립니다...?' 아니면, '어쩌다 그런 일이...?'

82

83

18. 식구

결혼정보업체를 통해 만난 아내는 모델같은 몸매에, 수려한 외모의 여성이었다.

첫 눈에 반해 구애했고, 몇 개월 짧은 연애 끝에 결혼했다.

승구야~ 니가 나라를 구했구나!!

신부 너무 예쁘다~

아내는 남편에게 매일 같이 아침을 챙겨주고,

야근하고 돌아온 남편에게 늘 야식을 준비해 주는 헌신적인 아내였다.

따흑

내가 전생에 나라를 세 번은 구했나봐…

마이쪄…

근데…잠깐만…!!

그런데, 결혼 후 얼마 지나지 않아 남편은 문득 깨달았다.

야식

지금껏,
아내와 같이 밥을 먹어본 기억이
단 한 번도 없다는 사실을.

아침식사

심지어
주말에도...

다녀올게~
밥 챙겨먹어요~

프리랜서인 아내는
주말이면 늘 일 때문에 집을 비우곤 했다.

아침에는 늘 '미리 먹었다'했고,
야식은 '밤에 먹으면 속이 부대껴서 싫다'고 했다.

나는 괜찮으니까,
당신이나 얼른 많이 먹어~

정말...식사를 한 번도
같이 안하셨다구요?

그럼...
결혼 전에는요?

그러니까...결혼 전
연애할 때는...

아내와는 연애기간이 워낙 짧기도 했고,
연애할 때도 잠깐씩 보는 게 전부였어요.

내가 그러게
나빴니까?

카페 데이트 ↓

심야영화 데이트→

저는 주중에, 아내는 늘 주말에 일을 했으니까요.
선으로 만난 사이니 그러려니, 했어요.

자주 보진 못해도, 연락은 하루종일 주고받았죠.

87

지금 생각해보니, 신혼여행을 갔을 때도…

늅! 안 먹어

자기 혼자 내려가서 먹고 와요

나는 외국음식 잘 못 먹어. 냄새만 맡아도 울렁거려.

지인들과의 모임이 있을 때에도… 아내는 늘 자리를 피했어요.

다들 부부동반으로 모이는 자리인데…

나 낯가리는 거 알잖아. 어색하게 있는 거 싫어…혼자 다녀와요.

한번은, 날씨가 너무 좋아 아내와 데이트를 하려고 몰래 반차를 쓰고 집으로 왔어요.

짜잔~ 깜짝 놀랐지?

우리 오늘 데이트하자. 근사한 파인다이닝 레스토랑 예약해뒀어.

그런데 하필 그 날, 아내가 몸이 좋지 않다며 누워버리더군요.

오늘 몸이 너무 안 좋네. 감기 걸렸나봐. 나 좀 쉴게요. 미안…

언젠가부턴 저도 아내와 밥을 먹지 않는 생활에 익숙해져서, 그게 이상하다는 생각도 하지 못했나봐요.

살 찔까봐 그러는 건가? 다이어트를 너무 열심히 하는 거 아닌가…

외롭…

그러던 어느 날, 또 식사를 거절하는 아내에게 참지 못하고 화를 냈는데…

대체 왜 그러는거야?! 우리가 식구는 맞니?

결혼하고 지금까지 부부가 밥 한번 같이 먹은 적이 없다는 게 말이 돼?!

그 때 남편은 머릿속이 아득해졌다고 한다.

이걸 어디서부터 풀어야 할지.
어떻게 이해해야 할지.

내가… 밥을 조심히
먹으면 괜찮겠어?

소리도 절대 안 내고,
입도 꼭 다물고…?

당신은 아무 문제 없어.
이건 고칠 수 없는 내 문제야.
그러니까 당신이 이해해주면
안 돼?

밥! 밥만 안 먹으면
되는 거잖아!!!

…그래서 이렇게
찾아왔습니다,
변호사님.

휴우우우…

고작 이런 문제로
헤어짐을 고민하는 저……
나쁜 남편인가요?

성격차이!

돈 문제!

차라리,
누가 이혼사유를 물었을 때
속시원히 대답이나 할 수 있으면
좋겠습니다.

바람!

그런데 우린…
밥문제만 빼면
완벽하니까요!!!

밥!

그 놈의 밥!

상담 이후, 남편은 조금 더 생각해보겠다며 돌아갔다.
그러나 며칠 후……

저, 결심했습니다.
이혼…하겠습니다!

그는 다시 사무실을 찾아왔다.

같이 밥 먹으며, 도란도란 얘기하고 싶었어요.

평생 이런식으로 살 수는 없다는 생각이 들더군요.

그가 결국 이혼을 결심한 이유는 단 하나였다.

그러나, 이혼을 원치 않는 아내의 반발은 거셌다.

이런 걸로 이혼을 한다고요?

제가 얼마나 헌신적인 아내였는지 아세요?

고작 밥 때문에요? 전 이혼 못 해요!

가사조사관

남편분도 여전히 아내를 사랑하시는 것 같은데…

이 난해한 이혼사유가, 유일한 이혼사유였기에… 소송과정은 결코 쉽지 않았다.

조정위원

상담 한 번 받아보시지요?

아내 측에서는 방대한 자료와 서면을 제출하여 이혼을 강력하게 반대했다.

나르르르

아내 진술서

탄원서

분량초과 준비서면

행복했던 사진

살려줘…!

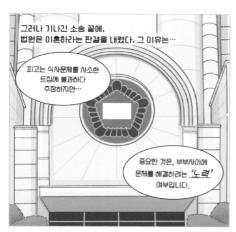

그러나 기나긴 소송 끝에, 법원은 이혼하라는 판결을 내렸다. 그 이유는…

피고는 식사문제를 사소한 트집에 불과하다 주장하지만…

중요한 것은, 부부사이에 문제를 해결하려는 '노력' 여부입니다.

아내는 이혼을 불원하면서도, '밥 문제'만큼은 끝내 타협을 거부하였고, 식사거부 문제에 대한 상담이나 치료도 모두 거절하였다.

절대싫어 완전싫어

이 때문에, 부부관계의 회복가능성이 없다고 본 것이다.

누군가는 이 사건을 두고, '고작 밥 때문에?'라며
의문을 표할지도 모른다.

그러나 우리는 가족을 '식구'라고 부른다.
식구(食口). 밥을 같이 먹는 사람.

결혼은 일평생을 함께 걸어가는 과정이기에,
일상의 사소한 순간들을 함께하는 시간이 꼭 필요하다.

외모나 능력도 중요하지만, 이 시간이 채워지지
않는다면 결혼생활은 공허함으로 얼룩질 수밖에 없다.

결국, '식구'가 되지 못한 두 사람은 갈라섰다.

그리고 얼마 뒤, 김변은 또 다른 '밥 사건'을 만나게 되는데…

※다른 에피소드로 전개됩니다.

19. 밥이란 무엇인가

한국인은 '밥심'으로 살아간다는 말이 있다.

밥❤

밥 먹었냐? 라는 말이 안부가 될 정도로 밥은 중요한데…

밥은 먹고 왔냐??

결혼생활에서도 밥은 중요한 문제인 듯하다.

밥 밥 그 놈의 밥!!!!!!!

특히 남편들은 오래전부터 밥에 대한 로망을 가진 사람이 많은데…

오늘도 고생했지~? 얼른 밥 먹자~ 내가 된장찌개 해놨어.

시대가 많이 변했지만, 아내가 차려주는 밥에 대한 기대는 퇴색되지 않은 듯하다.

실제로, 이혼소송에서 많은 남편들이 '밥'에 대한 주장을 한다.

결혼하고 아내한테 밥 한 번 제대로 얻어 먹은 일이 없어요!!

제가 이렇게 불쌍하게 살았습니다!!

(심지어 맞벌이)

밥을 차리는 것이
아내의 당연한 역할이라 생각하는 것이다.

손이 없나
발이 없나…

whyrano...
whyrano...

가출 어이구

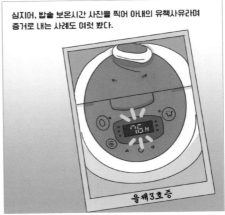

심지어, 밥솥 보온시간 사진을 찍어 아내의 유책사유라며
증거로 내는 사례도 여럿 봤다.

을제3호증

이것 좀 보십시오!
밥솥시간이 76시간이 될
때까지 내버려두는게
정상입니까?!

….?

그러라고
보온기능이 있는
거 아닌가…?

좋은 밥솥이구만…

이제는 등장하지 않으면 서운한, "밥"이야기.

오늘도 밥 이야기
나오나요?

찾고 있어요.

나올 때가 됐는데…

94

20. 안 맞아요

결혼한지 3개월 만에
아내로부터 이혼소장을 받은 남편이 있었다.

절레
절레

아…그 사건
잊지 못하지.

아내의 이혼사유는 단 하나였다.

씩
씩
씩

남편이랑
속궁합이 안 맞아요!!

아내는 다양한(?) 성생활을 선호하는 취향이었다.

Ah…

남편은 오로지 정상위만
한다구요!!

조선시대야 뭐야!!

19

저는 SM플레이도
하고 싶고!

야외에서도
해 보고 싶은데!!

*공중에서의 음란행위는
법에 저촉됩니다.

남편은 저를 이해
못하겠대요!!

크흠, 흠…ii

결혼 전엔 두분이서
이런 대화를 안
나누셨나요?

자녀있는 부부가 헤어질 때 당연히 따라오는 문제.
양육권…그리고 양육비.

익히 알려져 있듯이,
우리나라는 양육비 인정금액이 매우 짜다.

어우 짜

퉷퉷

소금

얼마나 짜냐면…

정말 심~~~각하게 짜다.

양육비는 얼마나
받을 수 있나요?

난감…

실무적으로는…

머뭇

뭐라고요???!!

작아지는
김변…

두분의 상황에서는, **만원
전후일 가능성이 높습니다…

아이 둘을 키우는 아빠로서.
우리나라의 양육비는 이해하기 어려울 때가 많다.

저도 말도 안된다고
생각합니다…

그걸 누구
코에 붙여…

그래도 솔직해야
하니까요 엉엉

일을 하면서 현실에 그러려니 익숙해지다가도,
가끔 울컥 분노가 치솟을 때가 있다.

월 50만원??!!

판결문

판사님한테 50 줄테니
어디 한번 애 키워보실래요?!!

…라고 묻고싶다.

부부는 헤어져 남남이 되더라도,
아이는 여전히 '내자식'이니 양육비라도 원만히 주면
얼마나 좋겠냐만은…

내 알바 아니야~
나는 몰라~!

현실은 그럴지 않을 때가 많다.

양육비 하면 꼭 빼놓을 수 없는 기억이 있다.
엄마가 고등학생 자녀를 키우기로 합의된 사안이었는데…

※이혼조정 중

양육비요?
저 돈 없는데요?

당당

자기가 키우고 싶대서
데려가는 건데 제가 왜 돈을
주죠?

최소한도라도
양육비는 지급해야
합니다.

양육비는 자녀의 권리에요.
고등학생 키우는데 돈이
얼마나 들어가는데요.

판사

단   호

한 달에 얼마까지 지급
가능하신가요?

그러자, 남편은 고민하다 한 마디를 내뱉었다.

흐음…
오만 원?

그 순간, 모두가 발끈했다.

아니, 지금
장난하시는 것도
아니고…

아니…

조정위원

차암나

고등학생 용돈도
그것보단 많은데…!

아내는 이 모든 걸 예상했다는 듯,
눈물을 훌렸다.

화르륵

월 오만 원??!!
자기 자식한테?!

98

황당한 액수에 판사마저 언성을 높였는데…

판결에서는 돈없단 말은 통하지 않습니다.

아버지시잖아요. 나중에 딸 얼굴을 어찌 보시려구요?

아빠 싫어!!

하이고, 걔는 맨날 제 엄마 편만 들어요

뭐가 이쁘다고, 내가 양육비를 주고 싶겠어요?

그렇다.

양육비를 주기 싫어하는 부모는, 자식을 헤어진 배우자와 동일시하는 경우가 많다.

자식들도 다 꼴보기 싫어

때로는, 양육비를 제대로 주지 않는 게 전 배우자에 대한 나름의 복수라 여기기도 한다.

변호사님 저요~ 판결 받아도 배째라로 버티려구요~!

아니오.

그러시면 안 됩니다.

자녀들은 부모가 생각하는 것보다 훨씬 더 많은 것을 느끼고, 또 알고 있다.

오늘 저녁은 우리 딸이 좋아하는 피자 먹을까?

응!!

다음주도 우리 재미있게 놀자?

비양육자인 부모가 얼마나 자신을 사랑하는지.

또는, 얼마나 자신에게 무책임한지 말이다.

흑흑흑…

· · ·

오만원 사건(?)은
다행히 강한 설득과 회유로 잘 마무리되었지만…

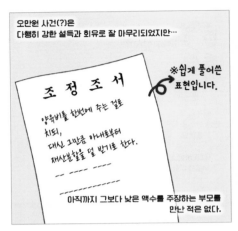

조 정 조 서

양육비를 한번에 주는 걸로
치되,
대신 그만큼 아내로부터
재산분할을 덜 받기로 한다.

━━ ━━━ ━━

━━━━━━━━━━━

※쉽게 풀어쓴
표현입니다.

아직까지 그보다 낮은 액수를 주장하는 부모를
만난 적은 없다.

이혼하는 부모님들에게 꼭 전하고 싶은 말이 있다.

To. 전 배우자에게
내 소중한 자식에게

부디, 배우자에 대한 원망을 자식에게 투영하지 말자.
이혼은 해도, 부모관계는 영원히 남는다.

22. 식충이

어느 날, 한 여성분이 사무실을 찾아왔다.
남편에게 모든 정이 다 떨어졌다는 그녀의 이혼사유는
명확하고 간결했다.

어휴

제 결혼생활에서
이혼사유는 딱 하납니다.

남편이 '식충이'거든요.

지성적 표현에 당황...;;

식충이…요?

네.
저희 남편은
잘 먹어요.

그냥… 무지
잘 먹어요.

남편이 집에서
가장 많이 하는 말은
이 세 가지예요.

뭐 먹을 거 없낭~

방금 밥
먹었는데?;;

배고프다

오늘 뭐 먹어?

남편이 먹는 모습을 보고 있으면 경이롭기까지 해요.

고래가 따로 없다니까요.

아니면
〈스타의 커비〉라던가…

하지만 몇 년은, 그러려니 하며 참았어요.

그래,
좋은 게 좋은거지…
많이 퍼다 나르자.

사고 뻥뻥 치는
남편들도 많다는데…

곧 아이가 태어났고…
제새끼한텐 안 그러겠지 했는데, 똑같더군요.

독 있나 없나 아빠가
확인해줄까?

?

→ 떡뻥
먹는 중

101

뿌애애애애앵!!!

1세 인생
처음으로 겪은
최대의 시련

시간이 지나도 나아질 줄 몰라요.
치킨을 시키면 닭다리 두개는 다 본인 거예요.

저걸 죽여 살려...

엄마... 나 아빠랑
같이 먹기 싫어

아, 그래서
식충이라고...

아뇨!!

많이 먹기만 하면
식신이라 하겠죠.

제가 남편을 식충이라
부른 이유는...

흥냠~

그놈은 먹기만 하고
손 하나 까딱을 안해요!

저 좀 이혼할 수 있게
도와주세요, 변호사님!

먹은 흔적은 있는데,
치우는 일이 없어요!

너저분~

말 그대로 암것도 안하고
<먹기만 하는 놈>이라니까요?!

사연을 듣고, 현변은 깊은 고뇌에 빠졌다.
이혼사유는 충분히 공감이 갔지만...

도대체
이혼사유를
어떻게
그럴싸하게
적을 것인가...

닭다리 두개를
혼자서 다 먹었습니다!

밥을 먹고
치우질 않습니다!
헨젤과 그레텔처럼요!

⋯⋯이렇게 말할 수는 없고.

흠

별거 아니구만.

가사노동을 혼자 하셨고~
상대방을 배려할 줄
모르는 태도라~
식탐강~ 불러불고~

그렇다고 익숙한 단어들로 쓰자니,
혹여라도 이 '중대한 문제'가 사소한 것으로 비춰질까
우려가 있었다.

재판은 시작되었고, 남편은 가사조사에서 자신의 식탐에
대해 그럴싸하게 변영했다.

어려서부터 우리집은
가난했었고!

남들 다하는 외식
한 번 한 적이 없었고!

그러나, 수년 간 울분을 꾹꾹 참아온 아내의 수많은
사연을 이길 수는 없었다.

Yo, yo~

장을 봐서 냉장고에 넣어두면 이틀이면 텅
나는 밑빠진 독에 물붓는 콩쥐 yeah
뒤져봐도 없네에애들 것도 뺏어먹는
너는 양심없지 친정부모님과 함께한
식사끼리난 쥐구멍 찾았쥐
네 머릿속엔 오직 식탐
가쪽도 사랑도 없네
나는 너를 포기했지
우리의 결혼에 남은 건
허무함과 상처뿐이IG

그 무렵, 현변 역시 이 '먹는 문제'로 인한 사건에 심혈을
기울여 미친듯이 서면을 썼고…

와다다다ㅏ 다다다다ㅏ 다

중대하다!

심각하다!

엄청난 문제다!

그렇게 이혼소송이 한창 진행중인 어느 날,
준비서면을 받은 남편 측에서 갑자기 합의를 제안했다.

하…쪽팔린 일
그만 둡자.

이혼 할 테니까
그만하라고…

소송은 6개월만에 막을 내렸다.

103

사건은 시원하고도 허무하게 끝이 났지만, '먹는사건'을 2연타로 겪고난 뒤, 현변은 가족간의 식사의 중요성을 새삼 깨닫게 됐다.

빤히~

아니, 그냥.

ㅇ,왜?

무섭...

이제는, 결혼을 하기 전에 성격궁합, 띠궁합 같은 것 말고도 '먹는 궁합'도 중요하게 봐야하는 게 아닐지.

혁!!! 그것만은!!!

결혼할 그능은 부먹이여!!

떼잉~

104

23. 밥무새

어느 날, 이혼을 하겠다며 찾아온 젊은 여성.
사유는 간단명료했다.

밥!
바아압~
밥빠밥!

저희 어머니가…
'밥무새'에요.

일년 전 결혼한 남편은 외동아들이었다.
그는 사랑을 듬뿍 받고 자란 티가 나는 남자였다.

다정함
누가봐도
성격 모난 곳 없음
사랑둥이
세심함
말 예쁘게하고
표현도 잘함

아내는 불화가 많은 집에서 자랐기에, 그런 남편이 참 좋았다.

생각해보면, 연애 시절 신경 쓰이는 게 없지는 않았다.

※데이트 중

어?
엄마 전화왔다.
잠깐만 전화좀
받을께~

응~ 엄마

하지만 그때 까지만 해도, 사랑표현이 많은 집이구나 했다.
부모에게 자식은 늘 아가일테니까.

아가~
깜짝
아가라고?

180에 80키로
30대 아들한테?

베이비?

둘 사이 결혼이야기가 나오면서 처음 만난 예비시어머니.
우려와 달리, 너무나 좋은 분이었다.

부족한 우리
아들이랑 결혼해
줘서 고맙다.

뭉클…

그렇게 결혼식을 올리고, 신혼여행에서 돌아왔던 날…

비행기 오래 타서 그런가,
피곤하다. 그치?

띵동~

그러게, 저녁은 간단히
먹을까?

점심 같이 먹자, 얘들아~ 줄 것도 있구~

어머님…?!

갑작스런 어머니의 방문에 부랴부랴 배달을 시켰다.
잘 먹겠다며 웃는 어머니의 말엔 어쩐지 가시가 있었다.

그래, 여행 갔다와서 아직 정리도 안 됐지? 당연히 이해해.

그래도 앞으로는, 이런 배달음식 먹으면 일하는 사람 힘들다.

'일하는 사람'이 누구지?

우린 맞벌인데? 남편도 일하고 나도 일하는데?

묘하게 찜찜하네…

아내는 혼란스러워했다.

그리고 다음 날, 출근준비하는 아내에게 카톡이 날아왔는데…

바쁘다 바빠

까톡!

까톡!

우리 OOO이, 아침엔 집된장에 바지락 넣어 끓인 된장국 먹는 거 좋아하거든~^^

며늘아, 오늘 하루도 파이팅이다♥♥ 늘 응원한다. ♥♥♥

까톡!

된장 보내줄테니, 물 넣고 끓이기만 하면 된다 ♥♥♥

아내의 휴대폰에는 매일매일 레시피가 전송되었다.

까톡!

네…어머니:::

저녁은 먹었니? 뭐 먹었니? **이는 소고기 잘게 썰어서 굴소스에 볶아주는 거 좋아한다~ 꿀팁 참고~ ^^*

전적으로 남편의 취향을 반영한 레시피였다.

때로는 조리도구나 식자재가 집에 턱턱 도착했다.

전기밥솥 밥은 맛 없어. 밥은 솥밥이 맛있다. **이도 돌솥에 밥 한거 좋아한다~ ^^*

내용물: 돌솥

네…?

106

오늘도, 내일도, 그 다음 날도 밥타령은 계속됐다.

생선은 일주일에 한번은 먹는게 좋고~ 등푸른 생선이 어쩌고 저쩌고~

소고기 핏물을 빼서 들기름에 볶아서~

구만훼...

채소는 먹이니? 아침에 당근이랑 사과랑 갈아서…

그러던 어느 날, 아내는 무심코 남편의 이야길 SNS에 업로드했는데…

Instagram

no_more_meal

37 likes
맛있다고 두 그릇 먹겠다는 내 꿀돼지 ㅋㅋ ♥

올린 지 5분도 지나지 않아, 시어머니에게서 전화가 걸려왔다.

어머니가…인스타 아이디가 있으셨어…?

바빠도 스팸을 구워주니? 우리 아들 스팸같은 거 먹이지 마라. 난 그런거 안 먹이고 키웠다.

처음 듣는 냉랭한 목소리였다.

자기… 어머니 인스타도 할 줄 아셔? 자긴 알았어?

응, 나 엄마랑 맞팔인데? 여보는 아니야?

아내는 그 날로 인스타 계정을 탈퇴했다.

그러나 어머니는 포기하지 않았고, 심지어는 밥상사진을 보내줄 것을 요구했다.

인스타는 왜 지웠니? 상차림 찍어서 보내주련?

너들이 뭐 먹는지 궁금해서 그런다. 심심하고 적적해서~♥

어느 순간, 아내는 머리가 펑 터지는 것 같은 느낌을 받았다고 한다.

더는 견딜 수 없다는 생각이 들었다.

아내는 그 길로 시어머니를 직접 찾아갔다.

어머니, 저예요.
드릴 말씀이 있어서
왔어요.

띵동~

저, 어머님 아들 반납할래요.
받아주실거죠.

데려가셔서 어머님이
잘 먹이고 입혀주세요.

으아아

아내는, 시어머니에게 소중한 아들을 돌려주기로 했다.

반납은 거절되었고, 아내는 결국 이혼소송을 하게 되었다.
남편은 매일같이 용서를 빌었다.

젠장

부들부들

여보, 나야…
문 좀 열어봐…

반품 거절사유:
고객 단순변심이므로
반품처리가 불가한 점
양해 부탁드립니다.

그런데, 조정기일이 되어 법원에 가니
시어머니가 함께 와 있었다.

하나밖에 없는 자식
밥 좀 신경 쓰는게 죈가
(중얼중얼…)

아잇 엄마
그만 좀 해

헐

차암 세상 좋아졌다
이런 걸로 며느리가
이혼을 한다 하고
(중얼중얼…)

법원까지
따라왔어…?!

우리나라의 결혼에서, 배우자의 부모란 참 어려운
존재라는 걸 새삼 느꼈다.
※물론 좋은 분도 많습니다.

혼잣말이
아니구만…

지금은 21세기입니다
어머님… 조선시대가
아니라구요 ㅠㅠ

질끈

뒤통수가 왜 이렇게
따갑니…

그런데, 상황이 예상과는 다르게 흘러갔다.

과거의 저는 이랬습니다.
진심으로 사죄합니다.

하여 앞으로는 이러한
점을 보완할 것이며

기회를 주신다면
이러쿵저러쿵한 점을
개선할 것이고

변화가 없을 시
다음과 같은 내용을
약속드립니다…

도라와
잘할게

남편은 조정기일에서 눈물을 펑펑 쏟으며,
반성과, 참회와, 앞으로의 개선점을 읊기 시작하였다.

108

어찌나 진심으로 호소하던지, 나까지도 울릴 뻔 했는데···
그러던 중, 옆에 앉은 아내를 보니···

아직 맘이
남아 있으시네···

울먹 울먹

원고께서는, 남편에게
마지막으로 기회를 줄
생각이 있나요?

시어머니의 연락과
간섭만 없다면요.

근데···안 되잖아요.
부모자식 간이잖아요.

상황을 지켜보던 판사는, 시어머니를 소환했다.

조정위원님,
밖에 피고 어머니
계시다했죠.

잠깐 안으로
들어오라고
해주시겠어요.

시어머니를?!!

판사는 시어머니를 앉혀놓고 오랜 시간 이야기를 나눴다.

어머님의 마음은 압니다.
저도 결혼한 자식이 있습니다.
하지만,
가정을 이룬 자식은 품을
떠난 거예요.

아들 이혼남
만드시려는 거 아니잖아요.
이게 아드님의 행복을 위한
일입니까.

변호사로서도 처음 겪는 일이었는데,
아마도 판사는 아내와 남편의 회복가능성을 보았던 것 같다.

대화 끝에, 시어머니는 아들 내외와 거리를 둘 것을 약속했다.

그건 아니죠···
기왕 결혼했으니
잘 살아야죠.

과도한 간섭은
이혼사유가 될 수
있습니다.
아시겠지요.

예, 정말 몰랐습니다.
며느리에게도
미안합니다···

아내는 오랜 고민 끝에 남편에게 마지막 기회를 주기로 했고,
나는 그 선택을 존중했다.

다행히, 아직까지 다시 이혼하겠단 연락이 없는 걸 보니
그녀의 시어머니도 많은 걸 깨달으신 듯 하다.

에휴···
밥이 뭐라고···

시어머니 레시피카톡을
하도 봤더니 배고프네···

꼬르륵···

부디 아들의 밥소식이 궁금하셔도, 넣어두시길.

가끔, TV에 나온 변호사들이
쇼킹한 외도에 대해 소개할 때가 있다.

장모랑
사위랑~

처제랑
형부랑~

시누이랑 남편이랑~

20:30

놀랍게도, 이 모든 것은 사실이다.

우리도
많은 사건을 했었지…

그랬었지…

허 허

개인적으로, 혈연 간 부정행위는
외도중에서도 최악이라 생각한다.

대한민국에 인구도
차고 넘치는데 왜 하필!
피 섞인 사람이랑!

하 …

서로의 배우자에게 상처를 남기는 것도 모자라,
양가의 부모님과 형제자매까지 그야말로 집안 전체가
풍비박산 날 수 있기 때문이다.

한 번은, 젊은 남성이 소장을 들고 사무실을 찾아왔다.
상간소송을 당했다고 한다.

저, 이런 게 집으로
날아왔는데요…

어엇

도와주실 수 있나요?

스윽-

소 장

상담을 시작하기에 앞서 우선 소장을 읽어보았는데,
눈에 띄는 대목이 있었다.

음…

· · ·

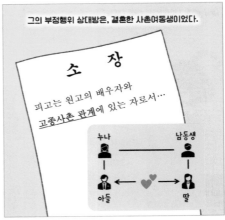

그의 부정행위 상대방은, 결혼한 사촌여동생이었다.

소 장

피고는 원고의 배우자와
고종사촌 관계에 있는 자로서…

누나   남동생

ㅣ   ㅣ

아들   ♥   딸

110

소장에 적힌 내용들이
사실인가요?

네에…

……두 사람의 교제기간은 약 일 년.

어린시절 이후 오랜 기간 왕래가 끊겼던 둘은,
성인이 된 뒤 친척 결혼식에서 만나 호감이 싹텄다고 한다.

이게 얼마만이야?
25년 만인가?

그러게~ 오빠는
어릴 때 얼굴이 하나도
없네.

결정적으로 먼저 고백을 한 것은 사촌동생 쪽이었다고.

물론, 이 둘의 관계에 대해서 할 말은 많지만…

사촌오빠…

어질어질~

사촌동생…

그것도 기혼…

교제를 1년이나…

변호사는 행위의 옳고 그름을 비난하거나 지지하는
사람이 아니라 법적인 조력을 해주는 역할이기에,
그의 소송을 맡기로 했다.

변명하거나 다투는 대신,
사죄하고 합의점을
찾아봅시다.

양가 부모님들의
가슴을 후벼파는 일은
없어야지요.

그런데, 사건을 진행하던 도중
예상치 못한 환장 대파티가 열렸으니…

※사건을 맡은 며칠 후

원고 쪽에서?

변호사님~
***께 상대방 대리인
사무실에서 연락이
왔는데요.

네, 연결 해 주세요.

원고 측에서는 먼저 조정 (합의) 제안을 해 왔다.

원고가 원하는 건,
피고가 원고 아내와 다시는
안 만날 거라는 확실한
약속을 조정기일에서 직접
받고 싶다고 합니다.

흐음…

원고는 가정을 지키고 싶으며,
사건을 빨리 끝내고 싶다는 것이었다.

111

의뢰인에게 연락을 하고 있는데,
원고 대리인의 놀라는 소리가 들렸다.

어디쯤 오셨…느…

까톡!

헉!

…그리고, 얼마 지나지 않아
나의 휴대폰에도 메시지가 도착했다.

변호사님,
죄송합니다.
저 못갈 것
같습니다.

그리고…조정도 안
되겠습니다.

쿠구구궁

?!!!

아무래도 오늘 조정은
어려울 것 같습니다.

원고 아내분이…
집을 나가버렸다네요…

……피고랑 함께요.

도대체 어떻게 된
일인가요?

원고 배우자와 집을
나오셨다고요?!

어질어질…

그게요…변호사님…
도저히 포기가
안 됩니다.

문자 한통만 남긴 채 사라졌던 피고와는
한참만에야 연락이 닿았다.

처음에는 정말로 헤어지려 했고,
이게 맞다는 걸 머리론 이해했지만…

우리 진짜 미쳤었다.

다시는 평생 보지 말자.

그렇게 조정은 결렬되었고,
피고는 원고에게 위자료를 지급하게 되었다.

숙연…

…할말은 많지만 하지 않겠다…

판결문을 받은 피고는 그대로 잠적했다.
피고는 사무실과도 연락을 끊었고,
이후 그들의 이야기는 알지 못한다.

처음 상담 당시, 피고는 우리에게 이런 이야길 했었다.

'형제인 서로의 부모님까지 싸우는 걸 보니,
정신이 번쩍 차려지더라'고 말이다.

그러나 그 깨달음은 오래가지 못했고…

수많은 이들의 가슴에 못을 박았음에도,
그들은 끝내 현실로 되돌아오지 못했다.

사랑은 한때의 불꽃이라지만,
때로는 모든 걸 태워버려 돌이킬 수 없게 만들기도 한다.

부디, 수많은 '집'을 태워버린 그들의 불길이
더 이상 번지지 않길 바랄 뿐이다.

114

나도 아이를 둘 키우다보니, 어린 자녀가 있는 사건엔 특히 눈길이 간다.

이전
둘이 되었어요~

이혼으로 아이들이 받는 상처와, 부모가 받는 상처를 비교해보곤 한다.

자녀들이 예민한 시기이니, 신중히 고려해보시는 게 좋겠어요.

아이를 생각하면 이혼이 쉽지 않은 것도, '아이 때문에 참고 산다'는 것이 현실적인 결정인 것도 깊이 공감하고 이해하지만…

정답은 없어요. 현실적인 문제도 있으시니, 충분히 이해합니다.

아이들 생각하면… 그냥 살아야할지…

당사자가 망설여도 이혼을 강하게 권유할 때가 있다.

무조건 하셔야 합니다. 이.혼.

바로, '폭력성'.

자녀 앞에서 폭력성을 드러내지 않는 경우는 그나마 낫지만, 어디 그런 경우가 있던가.

술만 안 마시면, 돈도 잘 벌고 좋은 아빠에 좋은 남편인데.

• 번듯한 직장인
• 인간관계 좋음
• 술만 안 먹으면 착함

그러나 많은 사람들이 경제적 현실 때문에, 사람들의 시선 때문에 이혼을 주저하게 된다.

물론, 홀로서기는 힘들다.

전문직인 나조차도,
아이 둘을 홀로 키우는 걸 생각하면 눈앞이 깜깜하다.

하지만 아이들에게 치킨 몇마리 더 못사주더라도,
부모 한쪽의 빈자리가 생기더라도,

폭력에 노출된 멍든 어린시절을 만들어줘선 안된다는 게
내 소신이다.

이대로 폭력 속에 지내시면,
아이들의 불안함이
너무 클 거예요.

각자의 삶은 다르기에,
감히 이혼을 하셔라 마셔라 할 수는 없지만…

어른들의 쉬운 이혼이 아이들에게 상처가 되지만,
망설임으로 더 큰 상처를 남길 때도 있기에…

가끔 난, 헤어짐을 권하는 변호사가 되기도 한다.

26. 내 꺼인 듯 니 꺼인 듯

이혼소송에서 가장 큰 비중을 차지하는 것은
뭐니뭐니해도 '재산분할'일 것이다.

GIVE ME THE
MONEY!!!!

대부분의 경우, 물건(동산)은 재산목록에서 제외되거나
주장하더라도 인정되지 않는 경우가 많다.

대부분 이혼사건에서는
집, 차, 보증금, 예금채권,
보험환급금, 퇴직금 등을
나눕니다.

그 이유는 첫째,
그 물건이 진짜로 있는지 없는지 확인이 어렵기 때문이다.

지금 가지고 있지도
않은데 그걸 어떻게
믿나요?

저희집에 지인짜 관리 잘 된
가죽잠바가 있었는데~ 저 사람이
어쩌고 저쩌고~~

둘째, 집이나 차량 등과 달리 '물건'에는
뚜렷한 명의가 없어서 소유를 따지기 애매한 경우가 많다.

머쓱...

내가 산 화분이니 내거지!
화분은 놓고 가!!

물 한번 준 적 없는 주제에!
내가 다 길렀거든?!!

무엇보다,
물건을 재산분할로 나누다 보면 한도 끝도 없다.

텔레비전 내꺼

세탁기 내꺼

숟가락 내꺼

젓가락 내꺼

물티슈 내꺼

스카치테이프 내꺼

그...그만;;

하지만 예외는 있다.
물건의 가치가 상당할 때, 그리고 그 물건의
존재와 출처가 확실할 때.

다시 말해, '찐 부자'들의
이혼소송이라 할 수 있죠.

날이 따뜻해지면, 미세먼지와 벚꽃잎…
그리고 어김없이 청첩장이 날아든다.

축의금~ 텅장~

어쨌든 둘다
행복을 위한 일.

결혼 이혼

주말에는 결혼식가서 축의금 내고
주중에는 이혼시키는 변호사의 삶

청첩장이 몰려드는 시기가 되면,
어김없이 생각나는 사건이 하나 있다.

세상에서 가장 충격적인 청첩장을 받았던 그 분.

결혼 8년차. 6살 된 딸아이 한 명을 둔
그가 가져온 것은, 날짜가 막 지난 청첩장이었다.

제 남편이…
지난주에 결혼을 했어요.

아내는 꽤 오래 전부터 남편의 변화를 눈치챘다 한다.
커진 씀씀이, 늦어지는 귀가시간, 자녀에게 무관심.

엄마, 오늘도
아빠는 늦게 와?

그러나 의심만 커갈 뿐, 별다른 일은 없었다는데.

…그러던 어느 날.

아오…키즈카페 예약
늦었다니까 그냥 쫌 가자!

땡깡

머리가 안
예쁘다고!!

카톡! 카톡!

갑자기 미친듯이 울리던 카톡 알람.

지인이 다급히 보낸 카카오톡 메시지에는
모바일 청첩장이 첨부되어 있었는데…

파삭!

청첩장 속 환히 웃고있는 신랑은
오늘 아침 출장을 떠난 그녀의 남편이었고,

결혼식은, 그날 오후였다.

아내는 반쯤 정신이 나간 상태로 결혼식장을 향했다.
차마 운전을 할 수가 없어 택시를 탔다.

기, 기사님!
**웨딩홀로
가주세요!

자신이 꿈을 꾸고 있는거라 생각했다.

마침내 도착한, 청첩장 속 결혼식 장소.
환히 웃으며 사람들을 맞이하고 있는 남자는…

당신…
거기서 뭐 하는 거야?

남편이 맞았다.

이름도, 얼굴도, 분명 남편이 맞았다.

저 사람들은 누구지?

그러나 한복을 입고 서 있는 사람들은 시부모님이
아니었고, 하객 중에서도 아는 얼굴이 없었다.

머리로는 결혼식을 뒤엎고 모든걸 중단시켜야 했지만…
당장이라도 쓰러질 것 같은 충격에 아무것도 할 수 없었다.

덜덜

아내가 할 수 있었던 것은, 동영상 녹화와 사진촬영 뿐.

그렇게, 아내가 지켜보는 기이한 결혼식이 진행되었다.

아내가 찍어 온 결혼식 영상을 보고,
한동안 아무런 말도 할 수 없었다.

허어   어어...

행복해!!   까르르~
축하해!

도망치듯 결혼식장에서 나온 아내는,
'출장을 가 있는' 남편에게 결혼식 영상을 전송했다.

메시지 하나 없이 전송된 영상에, [1]은 곧바로 사라졌다.

메시지를 받은 남편은 영영 '출장'에서 돌아오지 않았고,
그대로 잠적해버렸다.

고객님의 전화기가
꺼져있어, 삐-소리 후
소리샘으로 연결됩니다.

그의 가족도, 친구도, 결혼식을 아는 사람은 없었다.
결혼식 날 신랑측 혼주와 하객들은 모두 고용된
사람들이었다.

그게 무슨 소리야...?
결혼을 했다니...?

얼음...

← 진짜
시부모님

결혼식이 드러난 전말은 이랬다.
우연히도 아내의 지인이 신부의 후배와 같은 직장에 다녔고,
청첩장 속 남편을 알아본 것.

헐...나 이 남자
아는 사람인 것 같은데?!

엥?   설마...   잉?!

남편의 연락을 기다렸지만 잠적한 그는 끝내 나타나지 않았고, 아내는 결국 이혼소송을 진행했다.

저 OOO씨 부인이에요. 8년 전에 결혼했어요.

또한, 지인을 통해 남편의 '신부'에게 연락을 건넸다.

그리고 며칠 뒤, 화창한 오후.

덜덜

덜덜

배가 산만큼 나온 만삭의 젊은 여성이 사무실을 찾아왔다.

유, 유부남이라니… 대체 어떻게 된 거에요…?

뭔가 잘못 알고 계신 걸 거에요… 아니에요… 아니라구요…

만삭의 여성은 청첩장 속 바로 그 신부였다. 그는 20대 후반 정도로 앳되어 보였다.

처음에, 그는 아내의 전화를 믿을 수 없었다 한다.

♪ ♬

덜덜

못 믿겠으면, 변호사 사무실로 오세요.

혼인관계증명서, 가족사진, 내 남편이라는 증거, 전부 다 보여 줄 테니까.

그러나, 불길한 직감을 끝내 무시할 수 없었다.

모든 진실을 마주한 신부는… 시곗바늘이 한참 넘어가도록 오열을 했다.

어흑

으흑흑흑…

울음소리 가득한 사무실에서, 그 누구도 입을 열 수 없었다.

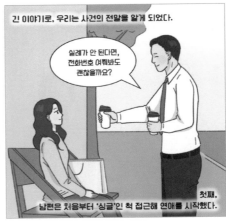

긴 이야기로, 우리는 사건의 전말을 알게 되었다.

실례가 안 된다면, 전화번호 여쭤봐도 괜찮을까요?

첫째, 남편은 처음부터 '싱글'인 척 접근해 연애를 시작했다.

남자친구 | 남편

33세, 김기성.

…변리사는 맞나요.

y대 수석졸업했다고…

서른 아홉, 강윤기.

회사원인데요.

전문대 중퇴에요, 그 사람.

그리고, 그는 자신의 모든 것에 대해 거짓말을 했다.

임신사실을 알리자, 그는 울먹이며 프로포즈를 했다.
마치, 이 순간을 기다려왔다는 듯.

고마워, 정말 고마워.
내가 평생 잘하게.
우리 결혼하자.

그렇게 시작한 결혼준비는 그저 순조롭기만 했다.

알고보니, 상견례장과 결혼식장에 동행한
남편의 부모는 역할대행 아르바이트였다.

신혼집은, 아내 명의 대출로 마련한 곳이었다고 한다.

미안해, 곧 좋은 집으로
이사가게 해줄게.

내가 학자금 갚느라
모아둔 돈이 없어서…

이 모든 이야기를 하며 신부는 하염없이 울었고…
아내는 그런 그녀를 원망할 수도, 비난할 수도 없었다.

죄송해요…
저 어떡해요…흑…
어떻게 해야 돼요…?

하…

…

아이는…어떻게 하실
예정인가요?

그렇게 내 앞에는 엉망진창이 된 두 사람.
아니, 세 사람의 삶이 모여 있었다.

거짓말이 들킨 남편은 또 다시 도망을 쳤다.

텅~

※ 원래(?)집

※ 신혼집

국민연금 안내문
(퇴사자용)

직장은 무단퇴사처리 되었고,
부모님에게 연락 한 번 없이 사라졌다.

그렇게 남편으로부터 아무런 소식이 없기를 몇 달째.

아무런 답변이 없네…
소송도 피할 생각인가.

소송 걸었다고
아내분이 문자도
보냈다는데…

변호사 박희현

어느 날 아내분으로부터 연락이 왔다.
남편이 나타났다고, 그것도 집 앞에.

힝구

…

쓰레기를 버리러 나가려는데, 문앞에 남편이 있었다 한다.

부모님 위해서 결혼식
한번만 해주면 다신 안
괴롭힌다 해서 식만
올린거야

한 번만 용서해줘,
다 걔한테 가스라이팅
당한 거였어

나 진짜로
잘할게

뱃속에 애
내 애도 아니야
진짜야

구구

절절

남편을 보면 뚜껑이 열릴거라 생각했는데,
막상 그 순간이 오니 아내는 마음이 침착해졌다 한다.

피식

이 순간에도 너는
거짓말을 하는구나…

그리고 이런 남편과 8년을 산 자신이 불쌍해졌다.

쓰레기도 너를 보면
더럽다고 피할 거다.
이 쓰레기 XX야.

탈탈

나르르르

으악,
뭐하는 거야!!

※ 첫 재판기일.

…이런 일이 있었는데 저 괜찮을까요 변호사님? 소송에 불리할까요?

하하^^; 판사님도 이해하실 듯 한데요…

일단은 비밀로 할까요

○○가정법원 ₩

또 잠수를 타버릴지도 모른다는 우려와 달리, 법정에 가보니 남편은 얌전히 앉아 있었다.

저 놈이구만…

피고로 출석한 남편은, 다시 구구절절 말을 쏟아냈는데…

예, 원하는 건 다 들어주겠습니다. 제 아내에게, 딸에게 주는 게 아깝겠습니까?

잘못도 인정합니다. 그런데 저도, 참 외롭고 쓸쓸한 상처가 있고,

제 마음, 사랑, 제 진정성만은 믿어주셨으면 하는,

잠깐만요.

갑자기 피고의 말을 자른 판사의 목소리.

예? 에에;;;

그럼 오늘 여기서 그냥 조정하시죠.

그니까 지금 잘못도 인정하고, 원고 청구도 동의한단 말이잖아요.

네?

양쪽 동의한 대로 위자료 ***원. 재산분할 ***원. 괜찮습니까?

뜨헉!!!

이혼사건을 하다보면 가끔씩 볼 수 있는 바로 그 절차. 임의조정. (=재판상 화해)

저렇게 많이?!

커플 의심

판사는 변론기일에서 바로 임의조정을 진행했다.

우리가 청구한 금액을 거의 다 인정. 전부 승소한 것이나 다름없었다.

원고의 위자료청구가 결코 과한 걸로 보이진 않는데요.

피고, 조정에 동의합니까?

125

남편은 당황한 듯 하였으나, 조정을 받아들였다.

똥줄타는 변호사

알았다고 해 제발 이의하지마

예에…

진흙탕 싸움일 거라 예상했지만, 단 1회만에 끝나버린 재판.

재판이 끝나자마자, 남편은 줄행랑을 치다시피 사라졌다.

쌔-앵

하…부끄러운 줄은 아나 보네요.

그래도 제 새끼 잘 지내는지 말 한마디 안 묻고…나쁜 XX…

소송은 승소였지만, 나는 남편이 진심으로 아내와 아이를 생각해 양보한 것이라고는 생각하지 않는다.

그저, 또 다시 회피를 하기 바빴을 뿐.

제가 공부를 오래 하느라, 결혼시기를 놓쳤어요.

지금도 그는 어디선가 또 태연히 거짓말을 하며 연애와 결혼을 계획하고 있을 지도 모른다.

한편, 남편의 '신부' 또한 소송을 시작했단 이야길 들었다. 조심스레 아내에게 증거자료를 요청했다고 한다.

머뭇…

안타깝지만, 그 후 아이가 어떻게 되었는지는 알지 못한다.

재판이 끝나고, 아내는 농담을 건네듯 말했다.

이제는 청첩장만 보면 트라우마가 생겨요.

결혼식의 결, 자만 들으면 소름이 돋는다니까요.

하하…

하지만, 가벼운 말 뒤에 감춰진 상처가 얼마나 깊을지는 쉬이 가늠할 수 없었다.

그 놈은 아니란다~

제 지인이 청첩장을 본 건… 조상신이 절 도왔나봐요.

앞으로 제사 열심히 지내야겠어요.

그래도, 그는 끝까지 씩씩했다.

변호사 사무실이죠.

바로 상담 되나요?
한 시간 뒤요.

한 여성분이 급히 상담을 요청했다.
그는 신혼여행에서 돌아오는 길이었다.

신혼 청약 때문에 반년 전 혼인신고만 먼저 한 부부는
최근 실제로 결혼식을 올린 후 신혼여행을 떠났다.

크어어어...

그렇게 5박 6일 잘 놀고 돌아오는 길.
여독이 몰려와, 아내는 비행기를 타자마자 잠에 들었다.

그렇게 한참을 자다가,
자세가 불편해 저도 모르게 눈을 떴는데...

안 잤나...?

남편은 누군가와 이야기를 하는 것 같았다.

남편은 승무원에게 무언가를 건네며,
들릴 듯 말듯 속삭이고 있었다.

저 원래, 진짜
이런 사람 아니거든요

속닥

.....;;

아내는 순간 그 쪽지를 홱 낚아챘다.

010-xxxx-0000
식사 한 번 하고 싶어요.
연락은 000로,
000 올림.

그 날, 그 밤비행기에서 느꼈던 참담한 기분을…
아내는 평생 잊지 못할 것 같다고 했다.

못 볼 꼴 보시게 했네요.
죄송해요.

하…죄송합니다.

착륙 후, 공항에 주차해 둔 차에 오를 때까지
아내는 아무런 말도 없었고…

진짜 오해라니까?
내 말 좀 들어봐. 자기야.

하하

내 친구 정섭이 알지?
걔가 워낙 오래 솔로였잖아.
내가 걔 소개팅 시켜주려구…

남편은 변명하기 바빴다.

정섭이가 **다니고
**동 사냐?!!!

뻑

아내는 남편을 차에서 내리게 했다.

내려, 당장.

어…?

내리라고. 이거 내 차야.
내려.

목적지는 명확했고, 그 길로 서초동으로 향했다.

그렇게 사무실로 곧장 찾아온 의뢰인은
그 날 바로 계약서를 쓰고 사건 진행을 맡겼다.

폭풍서명

지금 바로
입금할게요.

착

착

여기,
여기 서명하면 되죠?
최대한 빠르게
진행해주세요.

남편은 매일매일 미친듯이 매달렸지만,
아내는 조금도 흔들리지 않았다.

까톡! 연락폭탄

한번만 용서해줘
진짜 그런거 아냐
만나서 얘기하자

부부가 어떻게
이렇게 쉽게
헤어져

제발 전화 좀
받아줘

까톡!

까톡!

내가 정말 나쁜놈이야
근데 나 정말 반성
많이했어 다시는 그런일
없어 정말이야

보고싶다 정말
너뿐이야 미안해

회사
앞에서
기다리기

이 조카 18색 크레파스같은 놈이 감히 우리 딸을!!!

으아아아!!!

오늘 내가 너 죽인다 이 불로장생 십장생 거기 안 서!!!

남편은 아내의 부모님을 공략해 보려고도 했지만, 시도해보기도 전에 실패했다.

그렇게 소송이 시작됐다.
두 사람은 법적 혼인기간도 6개월 뿐이고, 같이 산 적도 없었기에 각자 투입한 비용과 물건을 가져가는 걸로 재산분할은 정리되었다.

깔-끔

-투입한 금원 그대로 반환
-예물, 예단 반환
-혼수 산 사람에게 반환
-아내 재산(*더 많음) 건드릴 수 없음

물론, 아내는 남편으로부터 위자료도 받았다. 남편이 구구절절 자신의 행동을 모두 시인한 내역이 있었기에, 증거는 차고 넘쳤기 때문이다.

네, 이 정도면 저는 만족해요. 변호사님.

시-원

판결문

이제, 다 끝난 거죠?

판결이 확정된 뒤, 나는 조심스레 아내에게 물었다.

어떻게 그렇게 빠르게 결단내리실 수 있었던 건가요?

보통은, 문제가 생겨도 결혼까지 한 이상 바로 뒤엎기는 힘들거든요.

...이거 뭐냐?

다시는 안그럴게, 그냥 회식이었어!

사실... 처음이 아니에요. 연애할 때도 걸렸거든요.

이미 한 번 용서해줬던 전적이 있었어요.

다신 안그러겠다 하고, 그 뒤로 워낙 잘하길래 믿게 됐어요. 아니, 믿고 싶었나봐요. 제가 바보였죠.

근데 비행기에서 그 꼴을 본 순간...깨달았어요. 내가 이 사람과 산다면, 이건 계속해서 일어날 일이구나.

아...

130

그렇게 그들의 짧은 결혼은, 신혼여행을 다녀오자마자 끝이 났다.
아내는 비싼 값 치르고 인생을 배웠다며, 씩씩하게 떠났다.

그 뒤로, 가끔 비행기를 볼 때면
'하늘에서 벌어진' 그 일이 떠오르곤 한다.

사건은 잘 마쳤지만,
지금 생각해도 참 황당한 남편이었다.

아무리 그래도, 신혼여행
비행기 안에서까지…

차암나

아무래도 그 남자,
'추파 중독'이라는 병에 걸린 게 아닐까?

29. 맞벌이

예전 세대와는 다르게,
요새 젊은 부부들은 맞벌이 비중이 매우 높다.

1 ◀ 505 ▶ 4

이따봐염

○○빠이

결혼은 현실이고, 경제적 여건이 중요하다 보니
맞벌이는 선택이 아닌 필수가 된 듯하다.

집값   차값

양육비

낑낑

헉헉

하지만, 맞벌이인 부부도
아이가 태어나는 순간 많은 것이 달라진다.

사내연애로 결혼에 골인한 A씨의 경우도 그랬다.

난 결혼하고 나서도
바뀐 것 별로 없는데?

그냥 똑같아.
자유롭고 좋아~

…라고 했었지만,
출산 이후 삶이 급격히 바뀌기 시작했다.

3개월의 출산휴가가 끝나고, 아내는 바로 복직을 했다.
그의 회사는 육아휴직을 하면 승진길도 막히고,
눈칫밥도 먹는 직장이었다.

선생님, 늦어서
죄송해요!

헉헉

여기 분유랑 젖병
다 넣어놨어요!

출근이 좀 더 빠른 남편 대신, 등원은 늘 아내의 몫.

어린이집과 시터의 도움을 모두 받아야만
겨우 직장생활이 가능했다.

죄송해요, 제가 오늘
일이 늦게 끝나서…

열이 난다구요?
…지금 바로 갈게요!

눈치 보는 일과 죄인의 역할은
늘 아내의 몫이었다.

딱 하루만
혼자서 지내고
싶다…

왜
선생님의 전화는
나만 받는가

죄송하단
말은 왜 늘
내가 하는가

아내는 비로소 말로만 듣던 '워킹맘'의 현실을 느꼈고,
아이를 외동으로 키우기로 결심했다.
그러나…

주변사람들도 다르지 않았다.

그렇게 아내는 둘째에 대한 고민을 하기 시작했고…

얼마 뒤, 임신을 하게 되었다.
워킹맘으로서 잘 버텨낼 수 있을거라 생각했지만…

현실은 달랐다.

그렇게 아내는 만삭 때까지 일을 했고, 둘째를 낳았다.
하지만, 첫 출산때와는 달리 엄청난 후유증이 찾아왔다.

이도 아프고

손목도 아프고

골반도
깨질 것 같고...

어린 첫째와 신생아 육아를 하면서
회사를 다니는 것은 불가능했다.
결국 아내는 사직서를 냈고, 육아를 전담하기로 했다.

놀고 있어~

…뭐라고?

남편이 외벌이가 된 후,
육아와 집안일을 전부 아내의 몫이었다.

어, 알았어 알았어.

뿌애애애앵!!

핸드폰은~!
틀어 달라고오오~!

그래도, 무럭무럭 크는 아이들을 보며 뿌듯하고 기뻤다.

잘 때가 제일 예쁘네 ㅎㅎ

호뭇~

ㅎㅎ

그런데…

커피 한 잔 더 해야겠다.
너무 피곤해.

애기들 재우느라
두시간 밖에 못 잤어…

커피를 또 먹게?

혼잣말인 듯 중얼거렸지만,
또렷하게 귀에 꽂힌 비수같은 말.

중얼

캡슐커피를
꼭 먹어야 되나…

돈도 안 버는데
쓰는 건 물처럼 쓰네…

중얼

하지만 아내는 아무런 말도 하지 못했다.

언젠가부터, 남편은 아내가 일을 하지 않는 것에 대해
눈치를 주고 잔소리를 시작했다.

다시 직장
안 구할거야?
**이도 돌
지났잖아.

채용공고 뜬 거
카톡으로 보냈는데,
봤어?

남편은 아내의 씀씀이가 크다며 한숨을 쉬곤 했다.

카드값 좀
줄이자.

나 힘들어.

이걸 꼭
샀어야 되는 거야?

아내는 자신이 식충이가 된 기분이 들었다.

아내는 다시 취업을 시도했다.
하지만 결혼 전에 받았던 연봉과 조건은 불가능했다.

후...이런게
경력단절인가

귀하는 서류합격자
명단에 없습니다.

남편은 아내가 돈을 벌길 바라면서도,
적은 월급을 받는 직장에 취업하는 건 반대했다.

이백 벌어서
다 시터비로 쓰게?!

어쩌라는걸까

그럴거면 뭐하러
남의 손에 애 맡기고
돈을 벌어?!

팍팍한 형편을 느낄 때마다 남편은 아내를 비난했다.

니가 회사생활을 알아?
내 무게를 아냐고!

어이 없어서
말문 막힘

돈 버는게
쉬운 줄 알아?

두 사람이 직장동료였다는 걸,
남편은 어느새 잊은 듯했다.

그렇게 시간이 흐르고,
아이들이 초등학교에 들어갈 무렵.

나 차 바꿔야겠어.
이제 수리비가 더 들어,
저축한 것 좀 줘 봐.

무슨 저축?
우리가 모은 돈이
어딨어?

135

돈이 없다는 말에 남편은 불같이 화를 냈다.

친정 갔다왔냐?!

여자 잘못 만나서 거지꼴 됐네!

넌 원래 거지였어! 니 월급이 쥐꼬린 걸 왜 나한테 난리야?!

애 둘 낳은 게 누군데!

뚜껑이 열린 아내도 맞섰다.

얼마 후, 남편은 아내에게 소장을 보냈다.
이혼 사유는 아내의 무능력함과 사치로 적혀 있었다.

하하하하하하 ㅏ하항

에휴

소장

"돈도 못 벌고 재산에 기여한 것이 없으니 아내의 기여도는 0%"라는 주장이었다.

변호사로서는 남편의 주장이 터무니 없다는 걸 알지만,
당사자인 아내는 얼마나 상처가 됐을까.

말이 넘 심하시네

집에서 놀고 있는 여자를 내가 다 먹여살렸다. 한거라곤 애 본 것 뿐이다.

능력없는 여자다.

요즘 세상에 맞벌이 아닌 집이 어딨냐.

결혼 당시 두 사람의 자산은 비슷.
결혼 초반 맞벌이. 그리고 7년 간의 독박육아와 살림.
남편은 7년간 홀로 경제활동을 한 것을 강조했으나…

응 반반이야.

법 원

법원은 재산분할 비율을 5:5로 결론내렸다.

아내의 기여 0%를 주장했던 남편은 항소까지 했지만,
결론은 달라지지 않았고 두 사람은 그렇게 이혼했다.

쌓둘-

현실이 이런데 아이를 많이 낳으라니…

워킹맘의 현실과 전업주부에 대한 편견을 여실히 보여주는 사건이었다.

맞벌이가 흔해진 시대.
그러나 아직까지는 부딪혀야 할 다른 문제들이
너무나 많은 게 결혼생활의 현실인 듯 하다.

결혼

136

30. 연애 중독

부부가 이혼을 하면서 법정다툼까지 오게 되는 가장 흔한 원인은 바람(외도)일 것이다.

제840조(재판상 이혼원인)
부부의 일방은 다음 각호의 사유가 있는 경우에는 가정법원에 이혼을 청구할 수 있다.

1. 배우자의 부정한 행위가 있었을 때

→ 재판상 이혼사유 1호로 규정되어있음

그런데 이 일을 하다보면 가끔, '바람피지 않고는 못 사는 사람'들을 만나게 된다.

보통 오픈카톡이나 만남 앱을 자주 사용하는 경향이 있습니다.

이혼연구원 김박사

그리고 높은 확률로 쉽게 사랑에 빠지는(금사빠) 사람인 경우가 많죠.

나는 이를 연애 (관계) 중독이라 부른다.

다시 말해, 끊임없이 누군가와 연애를 하지 않으면 못 견디거나, 바람 자체의 스릴에 중독된 사람들이다.

후...

아니 대체 어디서 이렇게 끊임없이 연애상대가 생기는거지

이것도 능력일세...

의뢰인 A씨의 아내도 그런 경우였다. 휴대폰과 블랙박스에서 아내의 부정행위 흔적을 보고, 남편은 곧바로 상대방에게 연락을 했는데…

나도 너무너무 보고싶었어 ♡

저기요, 저 남편인데요. 유부녀랑 대체 뭐하시는 겁니까?

그리고 저, 개가 바람펴서 이미 두달 전 해어졌어요.

?! 저 개 돌싱모임에서 만나는건데요? 이혼 3년 됐다던데?

바람이요…?

돌싱이요…?

근데 남편이시라고요? 전남편이세요?

네…?

멍...

알고보니,
아내에게는 전전 상간남-전 상간남-현 상간남까지 무려 세 명의 외도 상대방이 있었다.

이래도 되나

줄줄이 발굴

그렇게 첫 조정기일이 열렸다.
(아이들이 어려서 조정기일로 회부)
※조정실 앞

진짜 이혼할거냐고
엄청 괴롭히더라고요.

그냥 덮고 넘어가자고
자기가 잘 하겠다고.

그럼, 기회를
한 번 더 주실 건가요?

남편은 대답 대신 편지 한 장을 내밀었다.

흐…근데요 변호사님,
이것 좀 보실래요?

…?

스윽

아내 이름

사랑하는 00 이에게
어떻게 자기같은 사람을 만나게
됐을까? 한 달 전 우리가 처음 봤을 때
하늘에서 천사가 내려온 줄
알았고 그렇게 우리의 사랑이…
(중략)…
20XX. XX. XX
- 자기를 사랑하는 00이

한 달 전

소송 중임

새로운 이름

이 와중에
또 만난거야?!

제 딴엔 안 들키려고 했는지,
철 지나서 드라이 해 둔 딸아이
패딩사이에 숨겼더라고요.

스윽

그걸 딸아이가 봤어요.
저… 그냥 빨리 끝내고 싶어요.
그 사람은 병이에요, 병.

다섯 번째 상간남을 들킨 사실을 모르는 아내는,
조정 내내 나를 있는 힘껏 노려보았다.

그쪽 변호사님께
묻고싶은 게 있는데요.

왜 저를... ^^;;

네…?

아마도, 그는 내가 자신의 남편에게 이혼하라
바람을 넣었다고 생각하는 것 같았다.

저희 아이들 생각은
안 하세요?

네?

변호사님 때문에
여기까지 왔잖아요.

…네에?

꼭 이렇게 법대로 해서
가정을 깨야 속이
시원하시겠어요?

…제가요?!

너무나 당당한 항의에, 순간 죄송하다고 할 뻔했다.

139

그러나 증거가 워낙 명백했기에,
결국 두 사람은 이혼했고, 아이들은 남편이 키우게 되었다.

뒤통수가
따갑구먼….

이혼 조정이 되던 날, 아내는 바로 집을 나갔다.
결국, 남편은 아내에게 단 한마디의 사과도 듣지 못했다.

이 사건은, 최단 시간 내에 최다 상간자가 등장한
전무후무한 사건으로 남게 되었다.

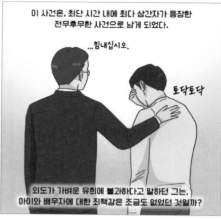

…힘내십시오.

토닥토닥

외도가 가벼운 유희에 불과하다고 말하던 그는,
아이와 배우자에 대한 죄책감은 조금도 없었던 것일까?

'부부싸움은 칼로 물베기'라는 말이 있다.

〈어젯밤〉

〈오늘 아침〉

남의 편
뭐해?
오늘 저녁에 치킨 사갈까?
맥주도?
그런듯지

너 죽고
나 죽자!

물론, 변호사를 선임해 이혼소송을 진행 할 정도면 그렇지 않은 경우도 많다.

어이쿠, 손이 빗나갔네

어이쿠, 걷다보니 모텔 입구네

MOTEL

특히, 반복되는 외도나 손찌검은 결코 '실수'가 될 수 없으며 절대로 고칠 수 없다는 것이 나의 지론이다.

하지만 소송에서 불같이 싸우다가도, 부부의 연이란 결코 쉽게 끊을 수 없는 것인지…

*지난 주.

변호사님, 저 정말 이 여자 절대로 용서 못 해요!

숨겨둔 양말 한 짝까지 다 털어주세요! 제 살이 너무 억울해요!

뒤익

뒤익

*이번 주.

변호사님, 죄송한데… 소송 취하하면 어떻게 되나요?

너무 밉긴 하지만 그래도 애를 엄만데… 마지막으로 노력해볼까 싶어서요.

변호사로선 사건이 일찍 끝나니 업무적으로 편할지 모르나, 나는 의뢰인이 그 선택에 확신이 있는지 거듭 확인하곤 한다.

이혼이 정답인 건 아니지만, 취하는 신중하게 정해서야 해요.

이혼을 결심하시기까지 오랜 시간이 걸렸고, 그 선택도 쉬운 결정은 아니었으니까요.

그건 그렇죠...

가끔은, 의뢰인이 취하를 요청해도 일단 [일시 보류] 처리한다.

네, 취하는 당연히 해드릴 수 있습니다.

다만, 딱 삼일만 더 고민해보시고 같이 다시 이야기 나눠요.

*배우자가 술만 마셨다 하면 매번 집안을 때려부셨던 사건

이 경우, 며칠만 기다리면 십중팔구 다시 같은 문제가 터지고 의뢰인은 '취하 안 하길 잘했다'며 안도하시곤 한다.

〈첫번째 방문〉　〈두번째 방문〉　〈세번째 방문〉

잘 지내셨어요 변호사님?
또 뵙네요…하하…

안녕하세요, 변호사님.
저 이혼하려구요.

아무래도 안 되겠어요.
이번엔 진짜로
이혼합니다.

한 의뢰인은, 취하와 소제기를 반복하며 우리 사무실에서
무려 세 번이나 이혼소송을 진행하시기도 했다.

이렇듯 이혼은 참 어렵다.
결단을 내리는 것도, 용서를 하는 것도 기회를 주는 것도
모두 틀린 선택이 아니다.

저 너무 바보같죠, 머리론 아는데
자꾸만 흐지부지하게 굴고…

당연한 거예요.
저 같아도 그랬을
거예요.

그래서 의뢰인들에게도 늘 '정답은 없다'고 말씀드리곤 한다.

이혼소송은 누군가에게는 더 단단해지는 계기가 되기도.

프리덤!!!!

누군가에게는 새로운 삶의 출발점이 되기도 한다.

이렇게나 끈질기고, 또 쉬이 끊어지지 않는 사이라니.

이혼사건을 진행하면 할수록,
부부의 연은 정말 심오한 것이라는
깨달음을 얻는다.

정말 붉은 실이
매여 있는 건가…!

반려동물 1,300만명 시대.
(체감상) 한 집 건너 한 집이 반려동물을 키운다.

반려동물=가족=자식이라는 생각이 많이 자리잡혔지만…
이혼소송에서는 다르다.

=

-양육권 ✕ 소유권 O
-양육비 없음, 면접교섭권 없음

민법상 반려동물=물건(동산)이기 때문이다.

이러다보니, 이혼소송에서
반려동물로 인한 문제는 꽤 자주 생기는 편이다.

그 놈이
우리 뽀마를
데려갔어요!!

강아지 양육권은
어떻게 하나요?

같이 키웠는데,
간식비도 못 받나요?

양육권처럼, 반려동물의 행복과 복지를 고려하여
원만히 합의한다면 얼마나 좋겠냐만은…

우리 초코…
잘 키워짐…

내년에
어질리티는
꼭 내보내…

양치도…
잘 시켜주고…

가끔은…나한테도
산책하게 해줄거지?

현실은 냉혹할 때가 더 많다.
배우자가 돌보는 반려견이 아픈 것을 알면서도
펫보험을 해지해 버린다거나…

콜록

콜록

주인님이 보험
끊어버렸개...

놔! 놔라 이놈아!

못간다!
나는 못간다!!

반려동물이 상대방의 아킬레스 건인 것을 알면서
몰래 데려가버린다거나…

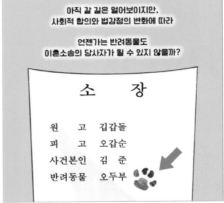

A씨는 3인가족의 평범한 가장.

대기업 과장으로 안정적인 수입에, 수도권 신도시에 30평대 집을 분양받아 살고 있었다.

부자는 아니어도, 세 식구의 생활비와 약간의 적금까지 모자랄 것 없이 행복한 생활이었다.

그러던 어느 날, 아내가 이사를 제안했다. 딸이 공부를 잘하니, 더 좋은 학군지로 가자고 했다.

남편은 안정적인 지금의 삶을 바꾸고 싶지 않았으나, 아내의 학구열에 결국 이사를 결정했다.

신도시 30평대 아파트를 팔고도, 새로 이사한 동네에선 구축 소형 전세로밖에 들어갈 수 없었다.

이사를 온 뒤, 아내는 아이의 교육에 열을 올렸다.

145

아이의 스케줄은 날이 갈수록 빼곡해졌다.

저축은 불가능했고, 모아둔 돈까지 손을 대게 되었지만 그래도 아직까진 뒷바라지를 감당할 수 있어 다행이었다.

잔고가 점점 줄어드는구만…

하지만 문제는 이제 시작이었다.

부유한 학부모들과 어울리며, 언제부턴가 아내는 보이는 것에 많은 신경을 쓰기 시작했다.

이게 다 뭐야?!

여기 엄마들은 명품 아니면 들지도 않아. 이런 걸로 무시당하기 싫어.

겨울패딩을 이 가격주고 샀다고?!

뭐에 ㅇ 하나 잘못 붙은 거 아냐!

당신이 몰라서 그래. **레어나 구스 안 입은 애들이 없어.

우리 애만 싸구려 못 입힐거야!

우리도 외제차로 바꾸자

FLEX~

이 동네는 최소 ***는 타야해.

애 학원 라이딩 할 때 창피하고.

탕-진

아내의 소비수준은 점점 더 높아져만 갔다.

아내는 학원 라이딩을 하며 학부모들과 매일 커피 모임을 가지거나, 주말에서는 브런치 모임을 가졌다.

오늘도 없네…

텅~

아내는 네트워킹을 위해 끊임없이 노력했다.

언젠가부터 남편은 소소한 행복을 잃는 기분이 들었다.

생활비는 매달 마이너스, 적금까지 해약해야 했다.
남편은 아내에게 하소연했지만…

사실, 아내의 말에 틀린 건 없었다.

그렇게 일 년의 시간이 흘렀다.
생활고는 악화되었고, 부부 사이에 대화는 사라졌다.

…그런데, 말이 없어진 건 부부뿐만이 아니었다.

늘 밝았던 딸은 날이 갈수록 어두워져갔다.
처음엔 사춘기 때문이라 생각했지만…

학업스트레스로 원형탈모가 왔고, 말수가 줄었으며,
일기장에는 죽고싶다는 말이 한가득이었다.

아이의 일기장을 본 남편은 아내에게,
어렵사리 이야기를 꺼냈다.

예상대로 아내는 길길이 날뛰었다.
남편은 아내의 욕심을,
아내는 남편의 무능력을 지적하며 큰 다툼으로 번졌다.

결국, 두 사람 사이에서는
이혼 이야기까지 나오게 되었다.

애 잘 키우려는 게
무슨 죄야?!

···이혼하자

그래, 어디 한 번
법의 심판 받아보자!

소송에서, 남편은 아내의 지나친 교육열과 욕심이
가정의 행복을 앗아갔다고 주장했다.

쌩~

피고석   원고석

아내는 헌신을 주장하며 이혼을 강경히 거부했다.

이혼한다 해도,
양육권은 절대
양보할 수 없어요!

제가 딸을 위해서
얼마나 노력했는데요!

그렇게 시작된 가사조사와 양육환경조사.
아내는 딸이 자신과 뜻이 같을 거라 생각했지만···

···저는 행복하지 않아요.

공부도 다 싫고,
예전으로
돌아가고 싶어요.

엄마아빠가 이혼하는 건 싫지만,
만약에 이혼한다해도···
아빠랑 살 거에요.

아내는 큰 충격을 받았다.

법원에서는 부부에게 상담을 권유했다.
아이에게도 적응할 시간이 필요하다는 이유에,
두 사람은 상담에 동의했다.

사건일지:
상담 진행 중

자녀를 위해서라도
부디 감정적 앙금은
털어내셔야 할텐데···

상담기간 동안 소송 절차가 중단되어있던 중.
어느 날 남편이 사무실을 찾아왔다.

변호사님, 저희…
소송 취하하기로 했습니다.

정말요?

남편은 상담기간 동안 있었던 일을 들려주었다.

아내는 가족 상담을 통해 딸의 상태가
얼마나 심각한지를 비로소 인지했고,
또한 남편의 외로움을 알게 되었다고 한다.

흑흑흑,
다 제 욕심이었어요…

애가 그렇게
힘든 줄도 모르고…

남편 또한,
모든 것을 아내의 탓으로 돌린 자신이 부끄러웠다고.

아내도 힘들었을텐데,
편이 되어주지 못하고
늘 비난만 하고…

그동안 아내의 고생을
아무렇지 않게 생각했어요.

무엇보다, 두 사람의 마음을 돌린 것은
이혼을 원치 않는 딸이었다.

두 사람은 긴 상담을 통해
아이의 행복이 최선이라는
결론에 다다랐다고 한다.

부부는 우울증을 앓는 딸을 위해
이사를 택했다.

상담이 끝날 무렵,
부부는 딸을 위해 한번 더 노력하기로 했다.

방학을 맞이해 제주도에 한달살이를 하러 가기로 했다고.

좋은 학교도, 남부럽지 않은 값비싼 물건들도 없겠지만
적어도 가족에겐 이전보다 더 큰 행복이 찾을 것 같다.

그래, 이혼이
항상 정답인 건 아니지.

행복의 의미에 대해 다시 한 번 생각하게 된
사건이었다.

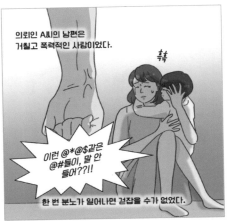

의뢰인 A씨의 남편은
거칠고 폭력적인 사람이었다.

이런 @*@같은
@#들이, 말 안
들어??!!

한 번 분노가 일어나면 걷잡을 수가 없었다.

아이는 어릴 때부터 늘상
아빠가 하는 욕을 듣고 자랐다.

눈깔은
장식이냐!!

…

내가 너 죽인다
이 @#$%야!!
이런 18색꺄!!

때로는, 그 분노가 아이에게 직접 향하기도 했다.

말을 안 쳐들어
#@$이!!!

내가 우스워?!

여보… 제발 그만해…!

하지만 아슬아슬한 날들이 반복되면서도,
아내가 이혼을 꺼렸던 이유는 단 하나였다.

아이가 아빠를 너무나 좋아했던 것.

남편은 화를 낼 땐 불같다가도,
기분이 좋을 땐 아이와 몸으로 실컷 놀아주었다.

버스 출발합니다
꽉 잡으세요~!! 슝슝슝~!

화를 내고 나서도 아이를 금방 달래주고 안아주었다.

그러던 어느 날, 사소한 이유로 다툼이 번졌다.
그 날 남편은 또 다시 이성을 잃었다.

꺄아아악!!

그런데 그 날은, 옆에 있던 아이까지 다치게 되었고,
아내는 아이를 데리고 도망치듯 집을 나왔다.

이후로도 한참을 고민하던 아내는
우리를 찾아와 이혼소송을 시작하였다.

그런데 남편은···

아내에겐, 남편의 폭력에 대한 증거가 아무것도 없었다.
사진, 녹음, 신고내역, 그 어떤 것도.

폭력은, 오로지 아내의 기억 속에만 존재했다.

결혼기간 동안 악마의 모습이었던 남편은,
소송에서는 내내 천사의 얼굴을 했다.

증거가 아무것도 없으니,
변호사로서도 난감하기는 마찬가지였다.

그렇게 소송은 반 년을 넘어가고 있었다.
한편, 남편은 소송 중 꾸준히 면접교섭을 했는데...

그러던 어느 날, 아이와 면접교섭을 마치고 돌아온 남편이
술에 잔뜩 취해 있었다.

아내는 그런 남편에게 항의했고...

남편의 분노 버튼이
또 다시 눌렸다.

그 날, 남편은 또 다시 아내를 때렸다.

그는, 이번에도 또 다시 모르쇠로
일관할 생각이었을 것이다.

하지만...
이 모든 상황은
녹음되고 있었다.

아내는 그 날의 상황이 녹음된 파일을
사무실에 가져와 들려주었고,
변호사들은 말을 잃었다.

떡!
떡!
니가 날 우습게
보는거지?!
아아악!!
니 맘대로 될 것
같애?! 어?!

그 중에서도 가장 미치도록 가슴이 아팠던 소리는,
아빠를 말리기 위해 따라다니던 아이의
뿍뿍거리는 신발소리였다.

하...
뿍!
뿍!
아빠!! 하지마!
엄마 때리지마!
아빠!!
으아앙
뿍!
XX가,
저리 안가!
너도 맞고 싶어?!

쾅!
이건 정말
아닌 것 같아요!!

녹음파일을 듣고,
모든 담당변호사들이 분노했다.

방법을
찾아봐야겠어요.
아동학대에도
해당되는 것
같습니다.
변 호 사 A:
정 의 감 불 타 는 타 입

특히나 아이가 아빠의 폭력에 계속 노출되는 상황이
우려되었고, 우리는 의뢰인을 불러 설득했다.

이렇게 쉽쉽하게 되면
결국 피해는
아이에게 돌아갑니다.
지난번엔 아이가
다치기까지 했으니까요.

아내는 '아이 아빠'라는 이유로 끝내 고민을 했지만,
결국 자신과 아이가 당한 폭력에 대해
경찰에 고소를 하기로 했다.

OO 경찰서

경찰조사에서도 천사의 얼굴을 한 채
모르쇠로 나오던 남편은...

아동학대맞음

제가 아내를 때렸지
애를 때린 건 아니에요.

형사님, 애 좀 밀쳤다고
아동학대라뇨.

아동학대맞음

그리고 욕 좀 했다고
아동학대요?
우리 아들 저 좋아해요.

아동학대맞음

증거자료들이 등장하자 태도를 바꾸었다.

남편은 아내와 아이가 괘씸하다며, 연락을 끊었다.

아빠 보고싶어...

하지만,
아이는 아빠를 미워하지 않았다.

그 이야기를 듣고, 우리는 더욱 결심했다.
아내를, 그리고 아이를 이 고통에서 벗어나게 해주자고.

아이가 아빠를 사랑할수록,
지금 상황은 더더욱 해결되어야 했다.

치열한 공방의 결과는, 의뢰인의 압승이었다.

이혼은 물론이고....양육권, 친권,
위자료, 재산분할, 양육비까지 모두 받게 되었다.

그렇게 아내와 아이는
지옥같던 폭력에서 벗어나게 되었다.

남인 우리도 아이의 울음소리를 듣고 눈물이 나던데,
그 아빠는 그렇지 않았던 걸까.

뒤늦게나마 그에게 깨달음과 참회가 있었길 바라본다.

도대체 뭐가 불만인 거냐?! 말을 해 봐!

A씨의 이혼사유는 딱 한 단어로 압축될 수 있었다.

아. 가. 씨.

아가씨 때문에 저희 이혼합니다.

이 아가씨 아님 →

아..아가씨?

A씨의 남편에게는 여동생이 있었다.
남편과는 여덟 살 차이로, 집안에서는 막둥이 딸이었다.

언니라고 불러도 되죠?

너무너무 만나뵙고 싶었어요!

그래서 그런지, 구김살도 없고 성격도 밝았다.

연애시절부터 A씨는 남편의 여동생과 함께
데이트를 하기도 하고, 때로는 선물을 받기도 했다.

짠! 오는길에 언니 생각나서 샀어요!

그리고 이건, 언니랑 오빠랑 커플티!

외동인 A씨는 살가운 남매사이가 그저 부러웠다.

그렇게 결혼을 하게 된 두 사람.

155

그런데, 결혼 후 날이 갈수록
A씨는 점점 아가씨의 존재가 거슬리기 시작했다.

여동생과
한 시간 해 통화중

어쩌구…
저쩌구…
웅웅…

무슨 전화를 그렇게 길게 해?
어제도 통화했잖아.
벌써 열 두시야. 안 자?!

걔 요새 직장 상사때문에
많이 힘들어하잖아.

울고불고 하는 데
그럼 그걸 뚝 끊나?

너는 외동이라 그런가,
매몰차다, 매몰차.

여동생과 직장이 가까운 남편은 매주 한번씩은 만났다.
장소는 늘 동생이 가고싶어하는 '핫플'이었다.

호예랑 닭다구리 먹으러~

참 나…

이런 나날들이 반복되던 어느 날 주말,
참고 참던 아내는 남편의 전화를 대신 받았다.

오빠! 내가 보낸
팝업스토어 링크
봤…

아가씨!

진짜 해도해도
너무하는 거 아니에요?!

언니, 그런 거
아니에요!

제가 회사일로
힘들어서 오빠가
맛있는 거 사준다고…

전화를 받은 여동생은 펄쩍 뛰며 미안해했다.

사이좋은 남매인데
내가 너무 속좁게 굴었나…

언니, 정말 미안해요
언니, 정말 미안해요 ㅠㅠ

카톡!

나보다 한참 어린 애한테
뭐하는 건지..

하지만 아가씨로 인한 문제는 끊이지 않았다.

…목걸이?!

당신, 이거 뭐야?!
바람피우는 거야?

?? 뭔 소리야.
그거 지연이 거야~

심드렁~

아내는 또 아무말도 할 수가 없었다.
찜찜한 기분만 남았을 뿐.

아가씨 거?!

그래, 걔 이번에
승진했잖아.
축하 선물로 샀어~

너도 참 무심하다.
그런 것도 모르고.

아내는 점점 소외감이 들었다.
주말마다 왜 만나냐고 물어보면,
남매는 이렇게 답했다.

언니도 와요!
같이 놀아요!

그래~ 당신도
같이 놀자~

와이낫?

하지만 막상 따라가면,
아내는 꿔다 놓은 보릿자루가 되었다.

화기~

어렸을 때
어쩌구 저쩌구

애매~

사촌동생이
어쩌구 저쩌구

맞아 맞아

나는 투명인간이냐
이것들아

하지만 여기까지는 다 참을 수 있었다.
결정적으로 아내의 뚜껑이 열린 것은,
남편의 카드내역을 본 날이었다.

돈이 안모이네..
대체 월급을 다 어디다가
쓰는거야...

157

?!?!?!?!?!??

여성의류
브랜드

악세사리
브랜드

네일샵

식당, 카페

이번에도, 또 <아가씨>였다.

일시불이요~

애 월급이
워낙 적잖아, 카드하나 줬어.
스트레스 받을 때마다
한 번씩 긁는 것 같더라고~

그 순간, 아내는
이혼을 결심했다.

제 생일에는
인터넷에서 5만원짜릴
사주면서, 동생한테는
명품을 사주더라구요.

화를 냈더니
'내 동생한테 사주는 게
그렇게 고깝냐'고...

그래서 짐 싸서 친정으로 왔는데,
남편은 연락 한 통 없고
아가씨한테서 밤에 문자가 왔더라구요.

...으음...?

언니, 저예요.

카톡!

From. 아가씨

다 저 때문에 생긴 문제니까,
제가 앞으로 오빠 안 만날게요.
평생동안요...

저는 정말 언니를 가족처럼
생각했는데, 역시 남이네요.
이제 속이 시원하세요?

컥!

얼마 뒤 남편과도 연락이 되었는데..
오히려 적반하장이더군요.

지연이가 너 때문에
엄청 상처받았어.
사과해.

사과 안하면 내가 먼저
이혼소장 보낼 거야.

36. 사업병

치료가 필요할 정도로 심각한 '사업중독' 입니다.

흥, 웃기는 소리. 천만원만 투자해주면 좋은 아이템으로 정부창업지원을 받아보겠소.

'사업병'이라 진단받은 남편이 있었다. 가족들은 그를 '환자'라 불렀다.

의사양반! 내가.. 내가 사업병이라니!

남편의 사업병이 시작된 건, 소식이 끊겼던 친구가 15년 전 오랜만에 동창회에 나타나면서였다.

잘들 지냈어?

..이야, 이 자식 성공했나보네!

우리집보다 비싼 차를 타고 오다니..

이야, 몰라보겠다!

그 날, 남편은 깨달음을 얻었다고 한다.

분명 집도 가난했었고...

나보다 공부도 못하던 놈인데..

이야~ 한번만 타봐도 되냐?

부럽다~

사람이 돈을 벌기 위해선 '사업'을 해야 한다는 것을.

남편의 목표는 그 때부터 단 하나. '사업'뿐이었다. 그는 밤낮으로 아내를 설득했다.

적금이랑, 퇴직금으로만 시작할게. 집은 절대 안 건드려.

나 진짜 잘해볼게

응?

응?

진짜 좋은 아이디어가 있어. 지금 아님 못할 것 같아.

얼마 뒤, 회사를 그만둔 남편은 사업장을 차렸다.

그런데, 의외로 사업은 초반부터 잘 풀렸다.

얼마 안가 직원을 다섯 명이나 두게 됐고, 가족차량은 외제차가 되었다.

160

솔직한 마음으로, 아내 역시 그 당시에는
남편의 성공에 잠시 설레기도 했다.

어서오세요,
사모님~

어머머

...사모님? 내가?

하지만....

*현재

지금 생각해 보면,

그 잠깐의
성공이 비극의
시작이었어요...

달콤한 성공은 잠시, 무리한 확장을 견디지 못한
사업은 금세 무너졌다.

폐 업

부부에겐 수 억 원의 빚이 남게 되었다.

남편은 한동안 폐인처럼 지냈다.
그래도 아내는, 남편을 위로하고 보듬었다.

우리 아직 젊잖아,

토닥토닥

돈은 다시 벌면 돼,
괜찮아.

그러나 아내는 알지 못했다.
남편의 사업병은 아직 '초기' 단계였다는 것을...

얼마 뒤, 남편은 두번째 사업을 시작했다.
집담보대출을 받아서.

그래, 첫술에
배부르랴!

Give me
the
Money!

이번엔 무조건
성공이야!

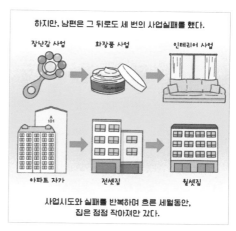

하지만, 남편은 그 뒤로도 세 번의 사업실패를 했다.

장난감 사업

화장품 사업

인테리어 사업

A
101

아파트 자가

전셋집

월셋집

사업시도와 실패를 반복하며 흐른 세월동안,
집은 점점 작아져만 갔다.

늘 '사장님' 소리를 듣던 남편은
남의 밑에서는 일을 못하겠다고 했다.

희끗해진 머리, 어느덧 성년이 된 아이들.
남편은 이번엔 몇 번째일지도 모를 사업을 또 시도했다.

그러나 부부에게 사업 밑천이 남아있을 리 없었고,
남편은 모친의 집을 담보로 대출을 받았다.
그리고 이 역시 실패였다.

이년 뒤, 남편은 또 다시 '아이템'을 들고왔고...

아내는 폭발했다.

그러자 남편이 뱉은 한마디.

그 때, 아내는 머릿속에서 무언가가 뚝.. 끊기는 듯한
기분을 느꼈다고 한다.

나는 건물 청소를
다니고....

회생까지 하는데..
뭐라고..?

아내는 그 길로 집을 나왔다.

아내는 남편에게 이혼소장을 보냈다.
사실, 정신을 차렸으면 좋겠다는 의미에서였다.

…하!!!

그런데, 얼마 뒤 남편에게서
황당한 답변서가 들어왔으니...

남편의 답변서 내용은 이랬다.

그래, 이혼하자!

근데, 내 빚은
같이 분할해야지?!

빚더미

남편은, 자신의 명의로 된 모든 채무를 공개하여
아내에게 재산분할로 빚을 분담하라고 요구했다.

이게...뭐야..?
**캐피탈?

일십백천만
십만백만
천만...헉...

그런데, 그 중 절반 이상은
아내가 듣도 보도 못한 빚이었다.

그 때부터 변호사들의 목표는 한 가지였다.
채무가 넘어오지 않게 하는 것.
잘못하면 이혼하면서 빚까지 떠안을 위기였다.

폭풍회의

재판에서도, 이 점이 가장 강조되었다.

피고는 원고의 만류에도
무리하게 사업을
진행해왔습니다.
무려 아홉 번이나요.

원고는 근 십년 간,
피고에게 생활비를
한 푼도 받아본 적이 없습니다.

163

피고의 채무 대부분은 원고가 존재조차 알지 못했습니다.

또한, 이미 원고 앞으로도 피고 때문에 생긴 채무가 ******원이나 있습니다.

원고는 건물청소를 하며 생계를 유지하는데, 막내가 아직 대학생입니다.

이혼 후에도 원고는 자녀들을 데리고 살아야 합니다.

피고의 채무를 분담시키는 건 원고에게 너무도 가혹합니다!

한편, 이 소송에서 아내의 편에 서서 나서준 또 다른 인물이 있었으니...

제 아들이지만, 정말 너무했어요.

정말...한평생 고생만 한 며느리입니다. 며느리는 잘못이 없어요.

제 돈까지 가져다 썼으니 오죽했겠습니까...

시어머니마저도 아들의 심각성을 알고 있었기에, 며느리의 이혼을 지지하고 진술서를 써 주셨다.

진술서
:
며느리랑 손주들이 잘 살 수 있도록 도와주십시오...

엄마??!!!

소송의 결과는, 남편의 재산분할청구 모두 기각.

적어도 이젠, 불안감 없이 살 수 있겠어요.

짠...

앞으로 애들 데리고 잘 살아봐야죠. 정말 고맙습니다.

비록 아내는 회생으로 계속 빚을 갚아나가야 하겠지만, 남편과의 이혼으로 마음이 훨씬 후련해졌다고 한다.

보험적용도 안되고, 완치도 어려운 '사업병'.

중얼중얼..

중얼중얼..

난...크게 될 사람이야...

앞으로 시간이 더 흘러 나이가 들면, 남편은 언젠가 가족들의 상처를 깨닫고 자신의 현실을 인지할 수 있을까?

드라마에서 모두가 우는
'눈물버튼' 타임이 있듯,
이혼소송에서도 그런 순간이 있다.

보통은 <조정기일>에서 그럴다.

이혼소송을 할 때,
미성년자녀가 있는 경우에는 재판으로 진행되기 전
'조정'이라는 절차를 거치게 된다.

합의

완.

※이혼조정: 상호 양보와 협의를 통해
원만하고 조속하게 이혼을 마무리하는 절차

조정은 재판이 아닌 합의 중재의 과정이다 보니,
조정위원들이 당사자의 긴장을 풀어주기 위하여 여러
멘트들을 건네는데...

따듯

두 분, 많이
힘드셨죠.

어서오세요.

대화를 한 번
나눠볼까요.

이 대목이 눈물버튼인 건 아니다.

눈물은 그렇게 쉽게 나지
않는다구!

눈물은 너굴맨이 처리했으니
안심하라구!

첫번째 눈물버튼은, 조정위원이 당사자들에게
'오늘 여기 오실 때 어떤 마음으로 오셨냐'고 물을 때다.
※ 꼭 이렇게 묻는 것은 아니며 조정위원마다 다름

그냥....좋았던 순간도
생각나고...

왜 이렇게까지 됐나
허무하기도 하고...

아무래도 서연으로 서로를 비난하다가
처음 얼굴을 보게 된 순간이라 그런지,
양측 다 감정이 터져나올 때가 있다.

두번째 눈물 버튼은,
'사건본인', 즉 자녀라는 단어가 나왔을 때다.

먼저, 두분 사이에는
사건본인 OOO이 있죠.

두분이 여기까지 오게 됐지만
우리 OO이를 사랑하는
마음만큼은 같을 겁니다.

한 의뢰인이 말씀해주시기로는,
아이의 얼굴이 떠오른 순간 눈물을 참을 수 없다고 한다.

울컥!

특히나 '사건본인'이라는 명칭이 딱딱하다 보니,
아이에게 못할 짓 하는 것처럼 느껴진다고.

물론,
그 눈물이 마하의 속도로 말라버리는 경우도 있다.

그럼 그렇지

아이를 생각해
원만히 끝내고 싶지만,
재산분할은
못 해주겠습니다.

눈물
증발

이혼조정 사건들을 하다보면,
열에 아홉은 꼭 당사자가 눈물을 보이게 된다.

얘기...(속닥)

그래서 조정기일에 갈 때는 꼭 티슈를 챙겨 다닌다.

그래도 다행인 것은, 눈물을 보일지언정
다들 후련한 마음으로 법원을 나선다는 것이다.

감사해요,
변호사님.

...괜찮으신거
맞죠?

저 오늘 싱글된 기념
파티하러 갈 거에요.

의뢰인들의 눈물은, 30년차 변호사가 되어도
좀처럼 익숙해지지 않을 것 같다.

이혼율이 점점 올라간다지만,
여전히 이혼에는 엄청나게 큰 용기와 결단이 필요하다.

이혼을
결심한 자

이혼을
고민하는
수많은 (예비)
이혼러들

또한, 누구나 씩씩하게 홀로서기를
할 수 있는 것은 아니다.

어느 날, 부잣집 사모님으로 보이는 중년 여성이
사무실을 찾아왔다.

남편은 지역유지에,
큰 병원을 운영하고 있는 저명한 의사였다.

신사답고, 남을 위하는 이미지로 잘 알려진 남편은
가족들에게도 매우 잘해주었다.

용돈

유학비

사업자금

생활비

대 물 주

아이들에게도, 처가에게도 물질적인 지원을 아끼지 않았다.

문제는, 그 '가족'의 범위에 아내는 없었다는 것.

아내는 평생 무시와 하대, 폭언, 폭력에 시달렸지만
누구에게도 털어놓을 수 없었다.

그렇게 참고 산 세월이 삼십여년.
자녀들이 사회에서 자리를 잡았을 무렵,
아내는 이혼을 결심했지만...

엄마, 이제와서
뭔 이혼이야.
그냥 좀 참고 살지,
왜 분란을 만들어?

*딸

그냥 아빠 그늘 아래
편하게 살아.

*아들

...엄마, 그냥 엄마가 좀
참아주면 안될까?

나 내년에
결혼하잖아, 상견례할 때
이혼가정이라고 하게?

아빠 덕에 엄마도
사모님 소리 듣고
살았잖아.

168

39. 남편은 회장님

남편과 이혼을 하겠다며 찾아온 한 여성.
앉자마자 노트북을 열어 보여주었는데...

이런것도
바람이라고
볼 수 있나요?

화면 속에서는, 여성 BJ한 명이
시청자들과 소통하며 춤을 추고 있었다.

어머~
달풍 감사합니다!

감사의 맘으로
꿀렁꿀렁 댄스
갑니다~

핫핑크 오늘도 예쁘네
언니 예뻐요!!!
핫핑크!!!
꿀학관~
오늘도 누나 보러 왔어요
꿀석
우왕 꿀렁꿀렁댄스다

BJ 핫핑크의 섹시댄스 TIME!

일명, '19금 방' 또는 '벗방'.

그 때만 해도 대수롭지 않게 생각했다.
처음 본 사건은 아니었으니까.

흠

예전에도 이런
사건이 있었지...

남편이
19금 BJ방송
중독자인가보네.

그런데, 영상 중 유독 눈에 띄는 호칭이 있었다.

회장님~ 왜 이렇게
늦었어요 오늘!

나 서운하니까
회장님 벌칙!

BJ 핫핑크

최강님 나빴다
자각자각
자각쨈
벌칙~!!!
이게 발학인가
푼냥이지
ㅋㅋㅋ회장님 딱 걸렸누

???

..? 회장님?
남편분을 말하는
건가요?

회장박중독

하.. 맞아요.
제 남편이 회장님.
이예요.

열혈팬이자,
고액 후원자들을
그렇게 부른다더군요.

아내에 따르면,
남편의 BJ방송 중독은 심각한 수준이라고 했다.

여보, 뭐해!

안 들려?
좀 도와달라니까!

천하 태평 세시간 째

어~ 이것만 하고~

오늘은 특별히 b) 핫핑크의 첫 연애썰을 풀어볼 거예요~

남편은 해당 방송에서 일명 '네임드 팬'이었고, 심지어는 BJ가 시키는 민망한 일들도 서슴지 않았다.

지구여신 핫핑크

핫핑크 말을 잘 듣자!

대체 지금 뭐하는 거야…?

까똑~ 잘했어요!

남편의 모든 시간과 공간은, 모니터 크기의 작은 '방'에 온통 잠식되어 있었다.

하악

하악

남편의 BJ방송 중독이 점점 심해지면서, 아내와 남편은 자연스레 부부싸움이 늘어갔는데….

너도 유*브에서 실시간 라이브 보고 그러잖아.

그거랑 이거랑 뭐가 다른데.

나한텐 그냥 취미생활이야.

남편은 자신에게 아무런 문제가 없다는 입장이었다.

남편은 BJ방송 시청이 취미에 불과하다며 당당했지만, 중독은 점점 일상생활을 망쳐 가고 있었다.

병원입니다. OOO씨 배우자 되시죠?

네?!!! 교통사고요?!

벌떡!

중앙분리대를 들이받았다고?! 대체 어떻게 된 거야! 응?

크흠

170

알고보니 남편은, 운전 중에도
BJ라이브 방송을 보다가 사고를 낸 것이었다.

빠앙!!!

한편, 남편이 입원해 있던 도중
아내는 남편의 카드명세서와 통장을 보게 되었는데…

카드 대금이…
왜이렇게 많아?
예금은 다 어디로 간거야?

아내는, 벌이가 꽤 괜찮았던 남편이
늘 '돈이 없다'는 말을 한 이유를 알게 됐다.

10000

별풍선 10000개 선물!

남편은 성인방송에서 '회장님'으로 군림하며,
'돈풍선'을 마구 쏘고 있었던 것이다.

실의에 빠진 아내는 결국 이혼을 결심했다.

생판 모르는 여자한테…
피같은 돈을…

하지만, 이혼소장을 받은 남편은
이혼을 극구 거부했다.

절대 못합니다,
이혼, 안됩니다.

방송 다 끊겠습니다.
가정을 지키겠습니다.

폭풍오열

전 제 아내와 아들을
정말 사랑합니다.

남편은 눈물까지 보이며 대화를 청했고,
고민하던 아내는 부부상담에 응했다.

마지막으로 한 번
노력해볼게요.

저 사람한테도
생각정리할 시간을 주고요.

로어어엉어엉
여보오…

조정실

어휴

네,
존중합니다.

아내 역시, 경제적 홀로서기와 어린 아이때문에
이혼을 준비할 시간이 필요했다.

그렇게 긴 부부상담이 시작되었다.
상담기간이 끝나갈 무렵, 아내분의 프로필 사진에서는
남편과의 관계가 회복된 듯 보였다.

음...
부부상담에서 대화가
잘 되었던 건가?

어쩌면 화해하고
소송을 취하하실
가능성도 있겠네.

그런데, 어느 날 밤.

카톡!

카톡!

아내는 다급히 녹취파일을 보내왔는데...

남편과 지인이 나눈 통화내용은 가히 충격적이었다.

야, 회장님 소리
그냥 듣는 줄 알아?ㅋㅋ

어, 지금까지
사오천했을걸?

..만났냐고?

야, 그럼 내가
돈을 그냥 쐈겠냐?

어, 엄청
좋았지 ㅋㅋㅋㅋ

통화녹음은 이 뿐만이 아니었다.
부부상담 중, 남편은 노력을 하겠다며 BJ방송을
모두 끊는 모습을 보였었는데...

오늘 바로 방문 돼요?
점심시간이요.

거기 '장미'죠?

장미..?
방문..?

남편은 방송을 끊은 대신,
성매매업소를 밥먹듯이 드나들고 있었다.

하아아아...

혹해본 이걸로
해주시고
몰라몰라...

어쩌고 저쩌고한
테마가 좋고...
예쁜 애도...

172

상담은 별 소득없이 중단됐고, 부부는 별거를 시작했다.
그리고 다시 시작된 재판.

부부상담기간 중
성매매업소 방문..
이게 사실인가요?

피고,
노력하신다면서요?

그리고 그 날 피고의 답변은,
변호사생활을 하면서 겪은 것 중 가장 길고 방대했다.

어떻게 보면 아내가 주장하는 것이 맞을수도
있고 보기에 따라서는 아닐수도 있겠죠 말이란게 아 다르고 어 다른 것이고 우리 모두 각자의 입장이 란 게 있는 것이기도 하고 그런 일이 일어난 것에 대해서는 저도 참 안타 까운 마음이고 왜 또 이런 일이 생겼 을까 갑갑하기도 하고 슬픈 마 음이 들기도 하고 그런데 참 사람 간의 일이 라 보이는 게 다가 아닐수도 있 고 아내 측 요구들을 들 론 들어 줄 수도 있 지만 모든 일은 동전의 앞뒷면처럼… ……………

유체이탈 화법..?!

문장에 시작은
있는데 끝이 없다

대혼란

하고싶은 말이
대체 뭐지

한참간 피고의 말을 들으며
역시나 혼란에 빠져있던 판사는 결국 손을 내저었다.

그만 듣겠습니다.

무슨 말인지
모르겠네요.
참고서면으로 내세요.

휘휘

종결하고,
판결 선고기일
잡겠습니다.

그리고, 한달 쯤 지나 받은 판결.

판결문에는 예상보다 두 배는 많은 위자료와,
평균 이상의 재산분할, 양육비가 적혀 있었다.

찢었다
찢었어

승소를 기뻐하는
변호사의 춤

그렇게 갈라서게 된 부부.
그러나 재판이 끝난 뒤에도 남편은 판결금을 주지 않았고,
아내는 경매를 부친 뒤에야 판결금을 받을 수 있었다.

희장? 내 인생에서
퇴장이다!!!

마지막까지 다사다난했던 사건.
이혼과정에서, 아내가 주변에서 가장 많이 들은 말은
'잘했다'였다고.

173

40. 그의 복수

사람들은 흔히들,
외도에 대해 '사이다 복수'를 꿈꾼다.

교~호야앙??!!

그러나, 현실은 사이다 복수와는 많이 다르다.

저 그 여자 머리털
다 뽑아도 되죠?!!

워...워...

안 됩니다...ㅠ.ㅠ

외도 사실에 대해, 그 사람이 누군지 알 정도로
제 3자에게 말하거나 글을 올리면 명예훼손.

타다닥...   타닥...

**동 불륜커플의 실체를...
고발합니다...

찾아가면 주거침입.

나와!!
당장 나와 이 쌩퀴야!!

파바바ㅏ ㅏ ㅏ바바ㅏ 박

위협적인 상황을 조금이라도 만들었다간
협박이나 폭행으로 연행되곤 한다.

지금, 만나러 갑니다

상간자로부터
지급받는 위자료는
1~2천만원인 반면,

오히려 전과가 생기는
상황인 거죠.

변호사로서 원고를 대리할 때면,
외도 피해자의 심정을 십분 이해하면서도
'안 된다'는 말씀밖에 못 드리니 안타깝기만 하다.

괜히 죄송...

이건 이래서 안 되고
저건 저래서 안 되고...

바람은 개네가 폈는데,
할 수 있는 게
아무것도 없네요.

그래도 전과 생기시면
안 되니까 말씀은 드려야...

얼마 전, 배우자가 바람을 피웠다며
사무실을 찾아왔던 A씨도 같은 질문을 했다.

만약 제가
상간자 직장에 찾아가서
행패를 부리면 어떻게
됩니까?

처벌은 얼마나 나오구요?

밀치는 것만으로도
폭행은 성립합니다.

목격자가 있으면
명예훼손이나 모욕의
성립 여지도 있고요.

보통은 ****원 정도의
벌금형인데, 벌금도 엄연한
전과니까 삼가해야 합니다.

그리고, 피고 쪽에서
맞소송을 할 수도 있구요.

그러자 생각에 잠겨있던 A씨는 나지막이 답했다.

...***만원

네, 알겠어요.
설명 감사합니다.

여기
사인하면 되죠?

그리곤 소송을 잘 부탁한다며, 집으로 돌아갔다.

소장을 받고 얼마 안 지났을 무렵,
피고 측에서 갑자기 합의(조정) 제안을 해왔다.

답변서

나 피고임
조정 콜?

흠...

갑자기?
하긴...증거가
너무 명백하긴 했지

우리 의뢰인에게도
합의의사가 있으시냐 여쭤봤는데,

네 뭐, 그러시죠.

콜

겨울이
벌써 왔나

175

그렇게 사건은 초스피드로 끝나버렸다.

조정조서

우리 함의했어요
앞으로 서로
엮이지 말기 약속♡

늑
늑

그렇게 법원에서 나오는 길.

생각보다
바로 합의가
되었네요.

금액도 꽤
높고.

그러게요.
고소할 줄 알았는데.

???!!!

고소요…?!

혹시 피고랑
무슨 일 있으셨어요?!

피고 쪽에서
아무말도
없으셨는데

아, 소송 시작한 뒤에
제가 피고를 찾아갔었거든요.

안녕하세요?

원고메스
니가 참아!

…설마…
때리셨어요??

아뇨, 때리지는 않았고…

두근

두근

윽션
윽션
윽션
윽션
윽션

대체 무슨 일을
벌이고 오신걸까

177

왜 이렇게 울한건데

?

아무튼, 감사합니다 변호사님.

피--쓰

그리고 또 보긴 뭘 또 봐요 안 볼수록 좋지

또 봐요.

그렇게 그는 사적복수(?)와 법적인 배상을 모두 얻어냈다.

그러나 사실, 그 분은 운이 매우 좋았을 뿐이다.

불법행위가 몇 개나…

(안도)

조정돼서 다행이다…

휴…

사안이 잘 끝나서 다행이고, 그리고 의뢰인의 마음이 편해졌다니 좋은 일이지만,

논.

이건 이래서 안 되니 절대 삼가시고…

저건 저래서 안 되니 조심하시고…

대리인으로서 이런 일들을 마냥 지지하긴 어렵고, 여전히 의뢰인들에게 각종 행위의 위험성을 설명한다.

다만, 그 사건 이후로…

마트에 갈 때마다.

?

엇

김장 시즌이 될 때마다…

?

엇

…늘 그 의뢰인이 생각나곤 한다.

나 참… 까나리라니…

당분간 이걸 이길 재료가 있을까

41. 순수의 의미

A는 동네에서 유명한 인기녀.
수려한 외모에 밝은 성격으로, 어릴 적부터 인기도 많았다.
☆OO동 퀸카☆
반면, 같은 동네에 사는 B는 평범함 그 자체.
☆OO동 흔남☆
평균키와 흔한 외모. 특징없는 성격.
그는 사람들의 눈에 잘 띄지 않았다.
사실, 그는 어릴 적부터
동네 친구인 A를 남몰래 짝사랑했다.
어, 두식아! 오랜만이다. 어디가?
두근!
어? 어어... 그.. 볼일이 좀 있어서..!
하지만 자신감이 없어,
마음을 꽁꽁 숨겨왔다.
그러던 어느 날, B는 A가 오랫동안 사귄 남자친구와
헤어졌다는 이야기를 들었다.
그 순간, B의 마음에는
희망의 빛이 번쩍였다.
혹시... 나에게도 기회가 있을지 몰라!
A는 B를 친구로밖에 보지 않았지만,
B가 힘들어하는 A를 가까이서 위로해주며
두 사람은 조금씩 가까워졌다.
사당보다 먼~
의정부보다 가까운~
머뭇..
B는 A에게 아주 조심스레, 천천히 다가갔다.
크흠
저기 내가, 뮤지컬 표가 생겼는데... 혹시 시간 되면, 아니 바쁘면 할 수 없는데...
같이 보러 가는 건 싫...지?

가랑비에 옷이 젖듯,
A도 B에게 마음의 문을 열게 되었다.

나 뮤지컬
좋아하는데?

재밌겠다!
언제 가면 돼?

그렇게 교제를 시작하게 된 두 사람.

꽁냥

꽁냥

처음엔 '여자가 아깝다'라는 평이 대다수였지만,
주위의 시선도 조금씩 바뀌어갔다.

B는 사귀는 내내 A에게 헌신적이었고,
사람들은 '저런 다정한 남자를 어디서 찾냐'며 부러워했다.

여자친구
집안일
전부 해놓기

감동적인
선물과
이벤트

대리기사
되어주기

그렇다. 그는 좋은 남자친구였다.

웨딩로드를 지날 때에도, A는 그저 행복했다.

부부가 된 이들은 아름다운 휴양지로
신혼여행을 떠났다.

그리고 허니문에서 첫날밤을 치른 두 사람.
남편이 변한 것은 이때부터였다.

※ 다음날 아침.

왜 그래?

기분 안 좋아?

...

나 말고 다른 사람이랑은 어디까지 갔었어?

혹시 말이야...

왜 이렇게 자연스러워?

아내의 황당한 표정을 눈치챈 것인지, 남편은 웃으며 말했다.

아니, 그냥 궁금해서.

나도 너 남자친구 많았던 거 알지~

그냥 물어보는 거야. 서로 숨기는 거 없는 게 좋잖아.

자기가 첫사랑이 아니니까 당연히 처음도 아니지...

당황

근데… 그게 궁금하기까지 할 일이야?

그 순간, 아내는 남편의 표정이 싸늘해지는 걸 보았다.

하…

난 그래도 너가 순수한 줄 알았지.

… 뭐?

그 날을 기점으로, 남편은 마치 가면을 벗은 듯 다른 사람이 되었다.

먼저 밥 먹어~

나 오늘 회사 동료 송별회 있어서 늦을 것 같아~

남자 동료? 왜 굳이 늦게까지 있어?

회사 동료랑도
모텔 가게?

멈칫

…!!!

남편의 의심과,
아내를 향한 '순수하지 않다'는 비난은 점점 심해졌다.

어제 왜
스킨십 거부했어?

컨디션이
안 좋다고 했…

왜, 예전에 만났던
놈들이랑 비교하니까
나는 별로였나 보지?

마치, 짝사랑으로 속앓이한 지난날을 복수하기라도 하듯이.

결혼 전 아내는,
반짝거리고 통통 튀는 사람이었다.

#여행스타그램
#노을맛집
#핑크노을맛집
#여행
#맛팔
#소통

취미도 많고, 만나는 사람도 많았으며,
늘 에너지가 넘쳤다.

Instagram

♥ 1K

538 posts   1.2k followers   308 following

Follow

언짢

…그 옷 입고
나가겠단거야?

누구
보라고?

남편은 그런 아내의 모습을 짝사랑했지만,
그가 꿈꾸던 배우자의 모습은 달랐나보다.

여전히 그는 다정하고 섬세한 남편이었지만,

왔어? 피곤하지.
내가 저녁 해놨어.
얼른 먹자.

평온함은 오래가지 못했으며,
그의 예민함은 시한폭탄과도 같았다.

근데, 유대리는 남자야?

아, 업무상 통화?

날 바보로 아는거야?

그렇게 한바탕 폭풍이 지나가고 나면,
남편은 늘 원래의 모습으로 돌아와 아내를 달랬다.

다 내가 너를 너무 사랑해서 그래...

사랑하는 사람이 순수하길 바라는 건 당연한 거잖아, 응?

...

널 이렇게 사랑하는 건 나 뿐이야. 알지?

유리처럼 반짝거리던 아내의 눈빛은,
시간이 지날수록 점점 탁해져갔다.

응...

네 말이 맞는 것 같아...

언젠가부터 아내의 SNS엔 아무것도 올라오지 않았다.

비공개 계정입니다

친정식구들에게도 소식이 뜸해졌는데...

맨날 조잘대던 애가 통 연락이 없네...

불안...

흠...

어느 날, 아내의 친언니에게
전화 한 통이 걸려왔다.

네...?!

제 동생이... 어떻게 됐다구요?

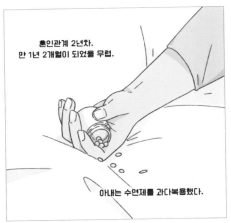

혼인관계 2년차.
만 1년 2개월이 되었을 무렵.

아내는 수면제를 과다복용했다.

가족들은 뒤늦게야 알게 되었다.
그녀가 꽁꽁 숨겨왔던 고통의 시간들을.

응급의료센터 Emergency Medical Center

아내는 퇴원 후 집으로 돌아가지 않았다.
가족들은 그녀를 데리고 곧장 변호사사무실로 향했다.

그녀가 털어놓은 그간의 일들은, 정말로 충격적이었다.

※연출된 장면으로, 실제 가사법정에서는
서서 변론하지 않습니다.

피고는 원고의 외출을
극도로 제한하였고,
급기야 작년 말부터는 회사까지
그만두게 하였습니다.

나중에는 피고가
더러운 여자라며,
비하하는 호칭을
쓰기까지 했죠.

성관계를 할 때도,
과거를 들먹이며 순수하지
못하다는 외설적 비난을
일삼았습니다.

갑구호중의
카카오톡 메시지에서
보는 것처럼.

피고는 다음날이면
자신의 행동을 인정하며
사과하는 일을
반복하였습니다.

이런 생활이 지속되며
원고는 극심한 우울증세를
보이게 되었고,

급기야 자살시도까지
하게 되었습니다.

원고는 피고와
더 이상 부부로서의
관계를 지속할 수
없습니다.

원고석

소송에서, 남편(피고)는 수시로 입장이 바뀌었다.

제가 아내를 얼마나 사랑하는데요...

엉엉

이혼을 강경히 거부했다가,

다 거짓입니다 정말 나쁜 여자에요!!

28장이나 되는 서면에 온통 아내 욕을 쓰기도 했다.

급기야, 소송 막바지에는...

그래요, 이혼에 동의하겠습니다.

다만, 재산분할로 아내 재산의 절반인 2억 원을 청구하겠습니다!

혼인기간이 1년 2개월인데 절반을...?

결과는 당연히 아내의 승소.
그러나 남편은 마지막까지 진상이었는데...

으으...

기억나니? 초등학교 5학년 우리가 처음 같은 반이 되었을 때...

내가 잘못했어 우리 다시 잘해보자

전화 받아 안그럼 찾아간다

너가 어떻게 나한테 이럴 수가 있어

선고 후에도 아내에게 폭탄문자를 보냈고,
결국 접근(연락)금지 처분까지 받게 되었다.

아내가 순수하지 않다는 얼토당토 않은 이유로 악마의
얼굴을 드러냈던 찌질한 남자.
그에게 묻고싶다.

"그러는 당신은... 순수한 사람인가요?"

이혼을 하고 행복을 찾은 사람들이 더 많다는 것이다.

〈이혼 후〉

또 깜짝

이혼 테라피야 뭐야

인생이 달라졌다 야

이혼전문변호사를 꿈꾸던 초년생 시절에는
뭐하러 이혼분야로 가려 하냐는 얘길 듣기도 했지만,

〈초년생 김변〉

저, 대표님.
제가 이혼전문로펌으로
이직을…

변호사가 좋은
일을 해야지!

〈당시 상사였던
변호사님〉

남녀 갈라놓는
일을 뭐 좋다고
나서서 해?!

지금은, 이혼변호사로서 행복을 찾아주는 일에
많은 보람을 느낀다.

변호사님,
정말 감사해요!

주말에 싱글된 기념
파티할 건데 오실래요?

아뇨 그건 좀

어쩌면, 결혼을 결심하는 일만큼
이혼을 결심하고 실행하는 용기도
응원과 지지를 받아야 할 일이 아닐까?

HAPPY
DIVORCE
DAY

2부

부부 변호사

1. 현 변호사 이야기

변호사인 아빠를 둔 딸은
날 때부터 변호사가 될 숙명이었다.

생후 50일, 첫 외출은
아빠의 사법연수원 수료식.

유치원 때부터 나의 놀이터는 아빠의 법률사무소,
단짝은 사무장님이었다.

공책 대신 사용하던 종이는 법률사무소 서면 용지.

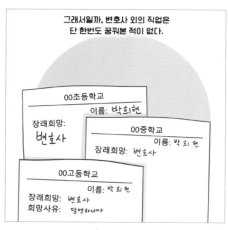

그래서일까, 변호사 외의 직업은
단 한번도 꿈꿔본 적이 없다.

이혼전문 변호사의 꿈 역시,
아주 어릴 적부터 시작되었다.

그 시작은 부모님이 이혼을 했던
단짝 친구에 대한 기억으로 거슬러 올라간다.

헤어진 아빠를 그리워하며 엉엉 우는 친구를 위로하며,
헤어짐이 무엇일까 고민을 했던 기억.

어떻게 하면 헤어짐의 아픔을 달래줄 수 있을까?

지금도 난, 진흙탕 싸움보다는 서로를 이해하여
조금이라도 아름답게 헤어지는 결말을 꿈꾼다.

아름다운 이별이라는 역설을 꿈꾸는 변호사.

나는, 이혼전문변호사다.

2. 김 변호사 이야기

아내가 날 때부터 변호사가 될 운명이었다면,

(어린 김변)

게임 중...

죽어라 두두두두

우연히 법조계에 발을 들인 자도 있다.
바로 나처럼.

미래를 계획하기보단,
그 때 그 때 하고싶은 걸 하면서 살아왔던 편.

해   맑

날씨 좋네~

홍대생의 상징

산은 산이요
물은
물이로다

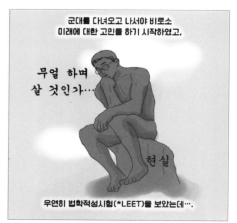

군대를 다녀오고 나서야 비로소
미래에 대한 고민을 하기 시작하였고,

무얼 하며
살 것인가…

현실

우연히 법학적성시험(*LEET)을 보았는데….

웰컴 투
법조계

그렇게 전국 상위 1%
장학생으로 입학하게 되었다.

왜째서?!

본투비
법조인

…생각보다 법학이 너무 잘 맞았던 것이다.

변호사 되는 게 제일 쉬웠어요^^★

왜인지는
모르겠지만

그렇게 순조로이 시작한 변호사의 길

각종 사건에 파묻혀
해 뜨는 것도 잊은 채 일에 몰두했던 시절.

당시 김변이 근무하던 로펌에서는
세기의 이혼사건을 맡게 된다.

192

세간을 뒤흔든, 별 세 개 그룹의 이혼 사건이었다.

BREAKING NEWS

★★★

재벌 2세 전격 이혼

그때를 시작으로, 셀 수 없이 많은
이혼 사건들을 담당하게 된다.

모여라 이혼 사건!!!

나에게 있어 이혼사건은 보람을 피부로 느끼는 일.

또한, 법조인의 삶을 후회하지 않도록 해주는 일.

나도, 이혼전문변호사다.

따라 하지마!

3. 우리는 부부 변호사!

피고들은 부정행위를 한 적이 없다고 변명하지만, 갑제9호증의 동영상에서 보는 바와 같이 피고들은 2016년 무렵부ㄸㄲ까때로ㅇ떠ㅏ내운여펴ㄸㄲ래ㅍㅏㅖㅇㄴㄴㄴㄴㄴㄴㄴ

우리 부부에게는, 눈에 넣어도 아프지 않을 보석같은 아이가 있다.

그 무엇도 다 해줄 거라 약속했건만, 현실은 그리 녹록지가 않다.

아이가 눈도 뜨기 전에 출근해서, 일을 마치고 아이를 데려오면 어느 새 재물 시간

주말에도 전쟁같은 시간은 늘 반복된다.

시시때때로 걸려오는 상담전화와, 의뢰인들의 연락

우리의 일터 법정은, 누구나 가기 싫은 불편한 곳이다.
마치 내가 병원에 가는 것을 싫어하듯이

나 또한, 막 변호사가 된 초년 시절에는 두려움이 있었다. 저 건물에서 사람들의 인생이 달라질 수 있다는 생각에.

신입 변호사 현변

흠칫흠칫...

내가 가야 할 법정은 대체 어디 있는가

법원에 들어설 때마다 늘 긴장하곤 했다.

물론 지금은, 밥 먹듯이 법정을 들락날락 하다 보니 아무런 생각 없이 법원의 문턱을 밟곤 한다.

노룩패스

삑~

그럴다보니, 의뢰인에겐 법원이 떨리고 두려운 곳이라는 걸 가끔은 잊을 때가 있다.

법 정

어제 밤을 꼴딱 샜어요. 너무 긴장이 돼서…

우황청심환까지 먹었는데도 가슴이 벌렁벌렁해요…

많은 의뢰인이 재판 전날 잠을 못 주무시거나,
긴장감에 손을 덜덜 떨기도 한다.

살면서 법원이란 델 온 게 처음이라 …

괜찮아요.

그럴 때면,
재판이 시작될 때까지
손을 꼭 잡아드리곤 한다.

가끔은, 긴장과 걱정을 덜어낼 수 있게 한 마디라도
더 해드리려고 의도적인 수다쟁이가 될 때도 있다.

사건변호와 당사자가 호명되면 왼쪽으로 가서 저와 함께 앉으시면 되go 법원 주사가 신분증을 확인할거go 그 다음에는…

쇼 미 더 법정
현변의 속사포랩

다행히 효과는 괜찮은 듯하다.

196

5. 김 변의 햄버거 사랑

김변호사는 햄버거를 좋아한다.(매우)

아니, 김변호사는 햄버거를 사랑한다.

여러 사무실을 번갈아가며 출근하는 김변호사.
때문에, 각 사무실에서는
김변호사의 출근일=햄버거 먹는 날이다.

오늘 점심 뭐 먹어?

햄버거.

김변호사님이 오시는군.

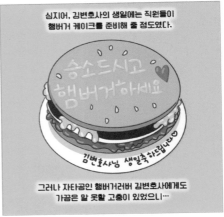

심지어, 김변호사의 생일에는 직원들이
햄버거 케이크를 준비해 줄 정도였다.

승소 드시고
햄버거 하세요

김변호사님 생일축하드립니다

그러나 자타공인 햄버거러버 김변호사에게도
가끔은 말 못할 고충이 있었으니…

사실, 로펌의 직원들은 햄버거를 그닥 좋아하지 않는다.
심지어 아내인 현변호사마저도.

밥…
밥을
주시오…!!

-기사식당 입맛
-한식파
-해장할 일이 잦음

인천사무소
오늘의 메뉴
〈햄버거〉

이유 : 김변 호사님
인천 출근

하지만 김변호사의 햄버거 사랑을 존중하여,
출근소식만 들려오면 자연스레 햄버거를 주문하곤 했다.

이러다 보니, 김변호사는 한 주 내내 햄버거를 먹을 때도 있었다고 한다.

끝나지 않는 햄버거 지옥

그러나 김변호사는 직원들의 기대에 부응하기 위해 다른 게 먹고 싶다는 말을 차마 하지 못했다.

위와 같은 비극(?)이 밝혀진 후, 지금은 김변호사의 출근일에도 다양한 메뉴를 선정하고 있다.

그러나 지금도 햄버거는 김변호사의 최애메뉴로 공고하게 자리를 지키고 있다.

직원들은 가끔 궁금해한다. 언젠가 햄버거의 자리를 위협할 메뉴가 등장할까?

아마 앞으로도 꽤 오랜 시간동안 김변호사의 햄버거 사랑은 계속될 것 같다.

6. 아기 손님

신혼부부의 이혼율이 높다보니,
사건본인(자녀)의 나이가 어린 경우가 많다.

사건 본인은 소장 접수일 현재기준 만 1세로서

1세라니 세상에
귀 여 워

21년 생이라니…

이혼 상담 시에도,
의뢰인이 아기와 함께 오는 경우가 종종 있다.

뿌애애앵

변호사님 죄송해요,
아기맡길 데가
없어서…

때로는, 이혼하는 자녀가 걱정되는 부모님이
같이 오시기도 한다.

불안해서 같이 왔어요~
얘는 맹해서 암껏도 몰라.
애도 내가 다 키워!

그러나 이혼상담은 어린 아이가 들어서 좋을 내용이
아니기에, 나름의 기준을 세운다.

<만 1~2세 (못알아들음)>
상담실 동행 가능

<만 3세 이상>
(알아들음)
상담실 동행불가

*불가피한 경우 조심히 상담

사무실 직원들은 아기손님이 오는 것을 매우 좋아한다.

하악

아기다
아기!

호엥

왕 부 담 …

엄마나 아빠가 상담을 하는 동안 아기를 돌보기도 한다.

흔흔흔~

자란다 자란다
착한다~~~

까르르르~~

여기보세요~
아르르르르~~

…

태어나서 처음 보는 광경

물론, 아기손님이 있으면 상담이 수월하지는 않다.

와앙

상담 종이
냠냠 중

…응?
상담지가 어디갔지?

이 경우, 탐비실의 간식을 주면 시간을 벌 수 있다.
특히 곰돌이 모양 젤리는 가장 효과가 좋은 합의템이다.

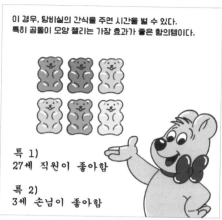

특 1)
27세 직원이 좋아함

특 2)
3세 손님이 좋아함

상담시 아이를 만나면,
사건을 진행하는 중에도 얼굴이 떠오르기도 한다.

사건본인 OOO?
아, 상담종이
뜯어먹은 아기…

아기손님은 언제나
사무실을 즐겁게 한다.

아저띠!!!

20대

쾨직

엉엉

201

7. 이혼하지 마세요

이혼하세요
여러분!!!

이혼만이 길이요,
진리요!
생명입니다!!

이혼천국!
결혼지옥!

이혼전문변호사로 일한다고 해서,
언제나 모두에게 이혼을 권유하는 것은 아니다.

관계를 회복하여 잘 살 수 있다면,
당연히 그것이 가장 좋은 길이라 생각한다.

이제부터~♪

웃음기
사라질거야♪

가파른
이 길을 좀 봐~

대부분의 상담에서는
'이혼하셔야겠네요.'라는 말이 절로 나오지만.

"아내가 바람을
벌써 세번째…"

음….
이혼하셔야겠네요.

"남편이 심각한
도박 중독이…"

"술을 먹고 저를
미친듯이 때려서…"

응. 이혼.

이혼하세요.

가끔은 이혼보다는 가정을 지켜나가는 쪽으로
조언을 할 때도 있다.

남편이랑 어제 싸웠는데,
너무너무 많이 서운해요.

씩

씩

이혼 소장으로 제 분노를
알게 해주고 싶어요.

최근 상담을 왔던 그 분도 그런 경우였다.

남편분과 이혼하길
원하시는 건가요?

…?

그건…아니에요.
애들 때문에라도
잘 살아봐야죠.

그럼 왜
이혼 소송을…?

소장을 받아봐야
남편이 좀 반성할 것
같아서요!!

상담자는 이혼까지 하고싶은 건 아니라고 했다.
다만, 남편에게 <경고>를 하고 싶을 뿐.

나중에 소송을 취하하면
되지 않나요?

그렇다 해도
이혼생각이 없는데
소송을 하시는 건 좀…

그래도 넣어주세요!!
남편이 꼭 소장을 받아봐야
해요!!

상담자는 소송의사는 강경해 보였다.

그런데, 상담중에 자꾸만 그의 휴대폰이 울렸다.

아…이 사람이 또 미안하다고 문자를 보내네요.

이럴 줄 알았어, 으휴

따르릉 ♪

따르릉 ♪

또 말만 번지르르하게 하지.

매번 이렇게 구슬려요. 사람 맘 풀리게.

씰룩

씰룩

으응…?;;;;

그는 끝까지 협박용으로 소장을 제출하고 싶어했지만, 나는 결국 상담자를 돌려보냈다.

남편분과 대화가 잘 되는 것 같은데… 웬만하면 잘 풀어보세요.

소송은 정말 이 사람과 헤어져야겠다, 싶을 때 하시는 게 맞을 것 같아요.

상담자는 아쉬워하면서도, 남편과 통화를 하며 돌아갔다.

그 뒤로 상담자의 소식은 들리지 않았다. 아마도 남편과 티격태격하며, 잘 살고 있지 않을까 싶다.

그래, 기왕이면 잘 사는 게 좋지…

8. 재판 시간의 법칙

아인슈타인에게 상대성 이론이 있듯,
내게도 변호사가 된 후 깨달은 시간의 법칙이 있다.

재판 시간의
상대성 이론

첫째.
재판 시간이 촉박해 허둥지둥 달려가면…

바쁘다
바빠

현대사회

그날은 꼭 재판이 잔뜩 밀려있다.

아직 멀었네

휴

예상 대기시간
30분 이상

*법정 가는 길…

10분이나
남았군.

여유~

여유~

둘째.
반대로 여유롭게 법원에 도착한 날에는…

앞사건
휴정됨

어서오세요~

…판사가 나를 기다리고 있다.

뚜벅

셋째. 시간에 빠듯하게 출발을 한 날에는
하필 꼭 도로에 문제가 생긴다.

예상 도착 시간은
"2년 후" 입니다.

여기는 밀리는
길이 아닌데~~~!!!

세월아~네월아~

이 경우, 상대방 대리인에게 재판에 늦을 것 같다고
미리 연락을 취하는데...

최송...

Ⓗ 법무법인 제헌

안녕하세요. 원고
사무실입니다.

변호사님이 5분정도
늦을 것 같다 하셔/세요.

그러고 나면 기다렸다는 듯 도로가 뻥뻥 뚫려
제 시간에 도착한다.

오히려
먼저 도착함

뻘쭘

...? 늦으신다고
들었는데...

아 예...
자동차가 날아서요.

오랜 경험에서 발견한 이상의
법칙들을 토대로, 논문을
발표하고자 합...

그냥
빨리 가옷!!!

캬악

(공손)

넵.

...그냥 나만 알도록 하겠다.

205

9. 변호사 부부의 삶에 대하여

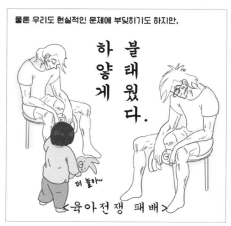

206

또한, 이해가 안되는 의뢰인에 대해 서로에게
물어보기도 한다.

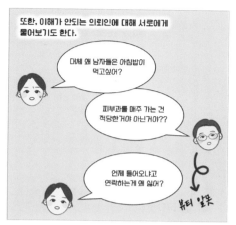

……그러다 가끔은 <100분 토론>이 되기도 한다.

그러나 이를 통해,
오히려 서로를 더 깊이 이해하게 되는 것 같다.

다행히도 우리에게는,
부부변호사로서의 결혼생활은 장점이 더 많은 것 같다.

207

10. 치킨의 힘

김변호사는, 햄버거만큼이나 치킨을 사랑한다.

-누구인가? 누가 치킨 소리를 내었어?

우리 부부의 고된 한주를 마무리하는 금요일 저녁은, 언제나 치킨이다.

흔한 부부의
대화 진화

남편과의 연애 4년, 결혼생활 7년차…
'치킨 먹자'는 나에게도 힐링사운드가 되었는데…

치킨~

으음~

오~
치킨~

변호사 일을 하다보면,
가끔 정말로 고된 날이 있다.

아니 이혼하나 하는 데
왜 이렇게 오래 걸려요?!!

사무실에서 내 시간
보상해 줄 거에요?!

코로나 초기,
확진자 급증 시기

나도 빨리 끝내고 싶단 말이야…
법원이 코로나라고 휴정하는 걸
어쩌란 말이야……

기일 변경에
고통받는 변호사

또 어느 날은, 승소판결을 받고 의뢰인에게
전화를 걸었더랬다.

에헤라디야
승소로구나~!
너무 좋아하시겠다!
전화드려야지~

의뢰인과 함께
오랜기간 마음졸였던 사건.

매일같이 연락하던 의뢰인은
승소판결을 받은 날부터 연락이 끊겨버렸고…

고객님의
전화기가
꺼져있어…

왜 안 받으시지?
분명 엄청
좋아하실텐데…

알고보니, 의뢰인은 성공보수를 지급하기 싫어서
연락을 끊어버린 것이었다…

변호사님…
저희 차단당한
것 같아요…

변호사님,
우세요?!!

아니요.
눈에 땀이 나서요.
눈이 많이 시리네…☆

난 무얼 위해
일하나…

여긴 어디고
나는
누구인가…

까톡!

이렇게 유난히 지친 날이면,
어김없이 남편에게서 연락이 온다.

그렇게 치킨 한마리에 또 스트레스를 날리고,
다시 힘을 얻는다.

오늘 저녁 치킨 콜?

콜콜 완전 콜~~!!!

기분 좋아짐

치킨만세!

11. 불똥 튀는 변호사

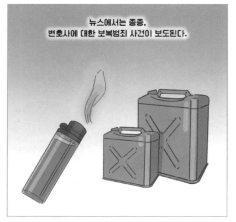

뉴스에서는 종종, 변호사에 대한 보복범죄 사건이 보도된다.

일을 하면서 위협 한 번 당해보지 않은 변호사는 아마도 없을 것 같다.

※ 실제 상황 아님

-취하하면 살려는 드릴게~

특히 이혼사건에서는, 상대 배우자의 위협이 종종 있는 편이다.

양측 다 변호사(대리인)가 선임되어 있을 때는 괜찮지만,

원고 대리인

스무스한 진행

피고 대리인

상대 배우자가 대리인 선임이 안 되어있는 경우, 변호사가 의뢰인을 대신하여 소통을 해야한다.

됐어! 듣기 싫어! 나한테 할 얘기 있으면 변호사랑 해!

소송 절차에 익숙하지 않은 상대 배우자는 우리 사무로 연락을 해 오는데…

아내가 소장을 보냈는데, 이게 대체 뭡니까?

아 그건 이렇고 저렇고 그렇고…

답변서를 작성하시고 신분증 첨부하셔서~

블라블라~

원만한 소송진행을 위하여 차근차근 설명드리곤 한다.

그런데 열에 한 명 정도는, 어마어마한 분노와 협박으로 이어진다.

나한테 말도 안하고 소송을 해?!

이런 미친XX

말이 안 통하니까 소송을 했겠지요…

마이 이어즈…

때로는,
법정에서 상대배우자의
욕받이가 되기도 한다.

저 변호사가
남편 편만
든다니까요!!!

...?

저는 남편분의
대리인이니까요
...

피고석

원고석

그러나 변호사 N년차.
이런 일쯤은 이제 거뜬하다.

<데미지 0>

훅...

괜찮습니다.

안오게

변호사님...
저 때문에 고생 많으세요...
그이가 성질이...

흔히들 변호사를 '대신 싸워주는 사람'이라 부르는 건,
이런 이유에서일테다.

모욕

고성

욕

테러

언제나 크고 작은 위협속에 살아가는 게,
변호사의 숙명일지도 모르겠다.

서늘...

내가
가만둬나 봐라
두고 보자

패소한 상대방이
보낸 문자

부부 변호사로 지내면서,
종종 이런 질문을 받는다.

두 분은 어떻게
만나셨어요?

오 저도
궁금했어요

법무법인 재현

나와 남편은 소개팅으로 만났다.

안녕하십니까

반갑습니다

동생이 반강제로 주선한 소개팅,
수험생이었던 난
딱히 누굴 만날 마음이 없었고…

수험생한테
연애는 사치지…

대충 밥만 먹고
와야겠다.

20대의 현변

그렇게 남편을 처음 만나게 되었고,

남편을 보았을 때의 느낌은…

휴 먼

20대의 김변

영어사전
human
미국·영국 [hju:mae] 영국식
형용사
1 인간[사람]의

좋은 사람이구나. 그게 다였다.

음···

얼른 가서 공부나 해야지···

식사는 주로 뭐 드세요?

그러다 남편이 던졌던 일상적인 질문.

아무 생각 없이 대답을 했고···

음···베이글?

실제로 룸부하면서 자주 먹었음

나는 알지 못했다.
그 대답이 불러올 파문을···

입력

딸-깍

출력

아, 베이글 좋아하세요?

공대생

그날 이후, 도서관 자리에
매일 베이글이 나타나기 시작했다.

?!음??

블-블루베리

화-치즈

(염혼 가출)

알-호두

누-무화과

토-갈릭

베비유스의 떡

금-어니언

목-플레인

213

베이글에는 늘 다정한 쪽지가 함께 붙어있었다.

아마, 당시 남편의 생각은 이랬던 것 같다.

흔한_공대생의_추리.jpg

이제야 고백하지만,
사실 난 베이글을 그닥 좋아하지 않는다.
공부하면서 끼니를 때우는 게 귀찮았을 뿐.

김치찌개 최고

(완전 한식파)

그렇게 열흘 가량 베이글 폭격을 당한 뒤…

매일 베이글만
먹고살란건가…

너무..울컥…

뉴요커
되란거야 뭐야…

(먹긴 잘 먹음)

그에게 용기 내어(?) 문자를 보냈다.

베이글 그만 주셔도
됩니다.
이제 그만

'좋은 오빠 동생으로 지내자'고 이야기할 참이었는데…

도착한 답장.

그럼 오늘은
스시 가져갈게요!
같이 먹어요~

흠칫

스시…?

13. 쌍방 상담

한 번은,
남편과 평소처럼 사건 이야기를 나누다가…

재밌는 건, 같은 부부를 상담했음에도
서로 들은 이야기가 다르다는 것이다.

쌍방대리는 금지되어 있기에,
더블체크는 늘 필수다.

15. 발코니

우리 로펌의 인천사무실에는 발코니가 있다.

주로, 직원들의 식후산책이나 업무 고뇌장소로 쓰인다.

떠올라라 아이디어…!

햇볕도 잘 들고 널찍한 공간이지만…

딱 하나 문제는, 배수가 참 약하다는 것이다.

배수 속도를 보니 가을장마구먼.

이젠 나름 적응이 되어, 장마철에는 호수같은 뷰(?)를 즐기기도 한다.

나는 파리에 있다.. 여기는 센느강변이다…

그러다 겨울철에 온도가 낮아지면, 발코니에 고인 물이 그대로 얼어버릴 때가 있는데…

샤샥

준비됐어?

준비됐지.

샤샥

어느 겨울날, 일을 하고 있는데 자꾸만 등 뒤를 빠르게 지나가는 검은 그림자.

쌩—

쌩—

…?

오예~~~

결국, 이벤트에서 매달 1등, 2등을 차지해 상품도 쏠쏠히 챙겼다.

10만원 상품권

이 뿐 아니라, 당시 독서실에서는 자정이 넘으면 불시에 랜덤으로 간식을 제공했는데…

쿠키

코스*코 머핀

피자

현변은 한번도 랜덤간식을 놓친 적이 없다.

공부하면서 먹는 건 머리로 가기 때문에 살 안 쪄.

(전혀 사실이 아닙니다)

당시 인증샷

누군가 변호사가 된 비결을 묻는다면, '엉덩이'가 아닌 '독서실 이벤트'라 대답해야 될지도.

변호사가 되기 위해 어떻게 공부하셨나요?

독서실 상품만 보고 달렸습니다.

네?

네?

225

소개팅에서 만났던 남편은,
잘생기진 않아도(?) 깔끔하고 단정한 느낌이었다.

왁스 바른 머리

깔끔한 면도

셔츠+
면바지

소개팅을 하고 며칠 뒤…

헉?!!

정문에서 한 남자를 발견했다.

뭐이 다 들어남
반소매티 →

옷깨 맨
정체불명의 두건 →

저게 뭐야?!?!!

넝샌 후찌나
오토바이 →

중국집 배달용
오토바이

삼선 슐리퍼 →

※ 당시 같은 도서관 이용

설마 내가 본 것이
나의 소개팅남인가
아닐 것이다
잘못 본 것이다

멘   붕

그러나, 며칠 후 초밥도시락을 가지고 온 그는…
역시나 멀끔한 모습이었다.

(※52화 참조)

배고프죠~
같이 밥 먹어요~

그래, 잘못 본 거야
그럴 리가 없지.

창도 점점
← 사능 중

근데 점점 더
잘생겨보이는 것
같기도 하고…?

얼마 뒤, 그와 교제를 시작하게 되었고…

둘 다 수험생이니까,
데이트할 때 편하게 입고
와도 돼요.

아, 그래도
돼요?

입력 완

그 때부터, 남편은 모든 것을 내려놓았다.

헤헤

안녕!

그 때 봤던 게
네가 맞구나…

그 뒤로, 시험을 보는 날까지
멀끔한 소개팅남은 다시는 만날 수 없었다.

나중엔
삭발까지
함→

아주 그냥
시험만 끝나봐라…

忍

忍

忍

(해 탈)

그래도 오랫동안 잘 사귀었으니,
사랑의 콩깍지의 힘이 대단했던 게 분명하다.

지금은
멀끔→

내가 사람
만들었지~
사람 만들었어~

19. 미리 메리 크리스마스!

김변은 크리스마스에 진심인 편이다.

확신의 'T'성향에, 평소엔 기념일을 챙기지 않지만
유독 크리스마스에만 진심이다.

크리스마스 좋아

얼마나 진심이냐면…

※10월 말, 회의 중

중요한 안건이 있습니다.

꿀꺽

찬바람이 불기 시작하면, 크리스마스 생각만을 한다.

이제, 각 사무실에
크리스마스 트리를
설치할까요?

김변의 집에도, 그리고 각 사무실에도
매년 11월이면 트리가 설치되는데…

(행복)…♥

숲인가…?

징글벨~
징글벨~

특히, 김변과 현변의 집에는 사람보다 큰 트리가 있다.

갓 서른이 될 때 즈음,
꿈에 그리던 변호사가 되었다.

합격이구나~

변호사구나~

정장을 차려입고 내 이름이 새겨진 변호사 명패를
책상 앞에 두었을 때는, 어찌나 뿌듯하던지.

나 좀 많이 멋진듯?
(아직 합격기운에 취해있음)

변호사 박희현

그러나 그것도 잠시일 뿐.
젊은 여자변호사로 일한다는 게 쉽지만은 않다는 것을
머지않아 알게 되었다.

(사업산)

(사회생활산)   (취업산)

헉...
헉

(시험산)

(학교산)

인생

인생이란
산 넘어 산

당시, 대표변호사님과 함께 상담을 들어가면…

긴   장

능글~

아가씨,
나 차 한잔만 타 줘봐.

?!?!!!!

건들~

이분은 아가씨가 아니라 저희
사무실 변호사입니다…;;

끄응...

이 아저씨가
증말

엥? 이 아가씨가요?!

(끝까지 아가씨라 함)

230

빼- 이혼 경제전문 변호사 박희현입니다.

이혼변호사로 일하다 보면, 경제상황에 밝아지게 된다.

대부분의 이혼사건엔 재산분할이 있고, 재산분할은 '얼마짜리냐'가 중요한 쟁점이다 보니…

어떤 아파트를 보유하고 계신가요?

**구에 있는 **파크요. **평짜리요.

아, 그 단지는 이번주 시세갱신으로 대략 ***원 선일거예요.

오…어떻게 바로 아세요? 중개사무소인줄…

이 뿐 아니라, 매일매일 집값, 중고차시세, 주식종가 등을 검색하다보니 시장변동을 뉴스보다 빠르게 느낄 때도 있다.

이 모델에 이정도 주행거리면 대략 ***원 정도 하겠군요.

오늘의 **쫑목 종가는 어제보다 약 0.7% 하락했으며 당분간 횡보할 것으로…

이렇다 보니, 어느 순간 내가 투자를 해보면 부자가 될 수 있을 것 같은 자신감이 들었다.

NO!!!! STAY!!!!!

DON'T GO!!! 투자길!!! NO!!!

부푼 꿈을 안고, 장밋빛 미래를 그리며 야심차게 주식에 투자하였는데…

우리 금방 부자되겠다~

씨드

씨드

주식

22. 드라마 속 변호사

법정드라마에서 가장 흔히 보이는 현실과의 차이는,
변호사가 법정을 멋지게 돌아다니면서 변론을 하는 것이다.

자, 이쯤에서 제가 여기
모두에게 정의에 관한
질문을 던져보죠.

<현실>

*아무도 엉덩이 떼지 않음
*일어나서 돌아다녔다간 희대의 관종 등극
*할말은 대부분 서면으로 제출

이렇듯 미디어와 현실이 다르다보니, 가끔 의뢰인들이
변호사의 업무영역에 대해 오해를 하기도 한다.

제 부인이 수상해요.
뒷조사 좀 해주세요.

친자확인 하고 싶은데
검체채취 해주실래요?
드라마에선 하던데

이 머리카락…숨겼다가
법정에서 임팩트있게
공개해주시죠!

미디어 속 변호사가 멋있게 묘사되는 건 좋지만,
가끔은 드라마가 현실 속 변호사를 힘들게도 하는 듯.

국과수를 제 집처럼
드나드네…좋겠다…

저 변호사는 일은
언제 하나…?
하루종일 밖에서 연애만
하네…

23. 우리에게 술이란?

우리 부부는 여러모로 잘 맞지만,
그 중에서도 가장 천생연분이라 할 만한 것은…

…ㅎ

정말?

둘 다 술과는 아주 멀다는 점이다.

알코올
사절

말 그대로, 우리는 술을 전혀 '못' 한다.

한잔 마심:
기절

한잔이나
드셨네…

두잔 마심:
저승직행열차

음한사

사인: 술을 두 잔 마셨음

8년 전, 신혼여행을 떠난 부부.
인생 최고의 여행을 보내자며 최고급 리조트를 예약했고,
술+음료+식사 무한한 일정을 선택하였는데…

주스 or
아이스티

논알콜
모히또
or 탄산

매일 밤 한 병씩 증정되는 샴페인 선물이 고민거리였다.

가져가긴 무겁고,
먹을 일도 없고…

두고 가자니
아깝고…

그래서 고민 끝에 내린 결정은…

마릴린 먼로에 빙의한 샴페인 샤워-☆

이럴 때 아니면
언제 해보나~

꺄륵~

이후로도 변호사 일을 하면서 꾸준히 술 선물을 받았지만…
술을 못 먹는 우리에겐 그저 그림의 떡이었다.

이것은 짐이다.
무겁다, 불편하다.

자리 차지한다.
더 이상 둘 수 없다.

이 술들을 어찌 처리할 것인가 고민하던 순간,
번뜩 떠오른 존재들.

236

특: 법무법인 술고래에서는 대표들이 술을 못 마신다.

그간 모은 술을 연말에 전직원들에게 나눠주기로 하고, 연말회의 날에 각 사무실을 돌며 사다리를 탔다.

규칙은 단 하나. 낙장불입.

…사무실 개소 이래 가장 열정적인 연말 회의였다.

술이 그렇게 맛있나?
아마 우리는 평생 그 느낌을 이해하지 못할 것 같다.

그 날부터 현변은 돈을 모으기 시작했다.

졸려...

커피(a.k.a. 수혈)을 끊었고...

책이... 회색이네...

죽여줘

필요한 책은 중고로 구입했다.

구매 완료!

그렇게 차곡차곡 모은 30만원으로 선물을 샀다.
당시 현변의 전 재산이었다.

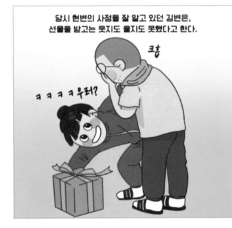

당시 현변의 사정을 잘 알고 있던 김변은,
선물을 받고는 웃지도 울지도 못했다고 한다.

ㅋㅎ

ㅋㅋㅋㅋ 우러?

그 뒤, 10년이 흐르고 결혼을 한 지금까지도
그 면도기는 매일 김변의 아침을 함께하고 있다는 후문.

흠~

이젠 놓아줄 때도 되지 않았냐...

고장도 안 나네

239

25. 김 변의 선물

변호사가 되고나서 현변은
마이너스 통장을 뚫고 생활을 시작했다.

끄응… 마통 만들러
왔는데요…

학자금 대출

그리고 학자금 대출을 갚기 시작했다.

당시 현변에게는 수천만원의 학자금 대출이 있었고,
3년 안에 다 갚는 것을 목표로 버는 족족 열심히 모았다.

점심도 김밥~

저녁도 김밥~

지인들, 동료들은 첫 월급으로 명품 가방을 사고,
차를 뽑기도 했는데…
가끔은 그게 부럽기도 했다.

※ 퇴근길

흠…

나만 너무 아무것도
없나…?

그러던 어느 날, 김변과 데이트를 하던 현변은 무심코 주변
변호사들의 가방 이야기를 하게 됐는데…

그 조그만 가방이
****원이래!!!

…

아무 생각 없어 보이던(?) 김변이었지만
사실은 그게 아니었나보다.

그 해, 현변의 생일 날.
김변은 현변에게 명품백을 선물했다.

?!?!?!!

턱-

그러나…

놀람과 고마움도 잠시.

이렇게 비싼 걸
사면 어떻해!!!

우리 지금 마통도
있는데!!!!

분노

폭발

나는 절대 못 받아!!
환불해!!

우물쭈물하는 김변을 두고, 환불을 하겠다며
현변이 가방을 가져가려는 순간….

줘, 내가 가서
환불할…

벌떡!

쌩_

김변은 가방을 들고 그 자리에서 도망가버렸다.

쌩_

?!

가방도둑
잡아라

그리고, 얼마 뒤 도착한 문자.

김변은, 수험생시절 현변이 만원짜리 가방안
헤질 때까지 들고 다니던 게 맘에 걸렸다고 한다.

환불기간 끝날때까지
가방 안 줄거야…

환불기간 끝나면
만나…

CHANEL

그래서 돈을 벌고 나면 꼭 좋은 가방을 사주고 싶었다고.

결국, 환불 못 한 가방은 예물백이 되었고,
지금까지도 소중히 보관하며 살고 있다.

이제는 맘껏 사줘도 돼.

응?

훈훈~

훈훈~

많이 사줘도
된다고.

응?

26. 전설의 지네 슬리퍼

김변은 본인에 한해서만큼은 지독하게 자린고비인데,

연애시절 소매가 헤어져 구멍이 뚫린 면점퍼를 교복처럼 입곤 했으며...

지금도 여기저기 구멍뚫린 티셔츠를 잠옷으로 활용하는 남자다.

이런 성향의 김변은 유물 수준의 물건들을 다수 소유하고 있는데, 10년차 코트 정도는 흔한 아이템이다.

(흐뭇)

7년

8년

6년

9년

10년

인디아나 존스인가

좋은 아침입니다~

절레

절레

한편, 김변에게는 사무실에서 신는 슬리퍼가 있었는데... 대학시절부터 희노애락을 함께 한 진정한 유물템이었다.

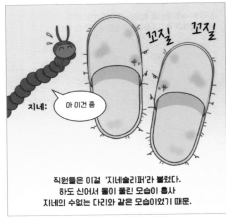

꼬질 꼬질

지네: 아 이건 좀

직원들은 이걸 '지네슬리퍼'라 불렀다. 하도 신어서 올이 풀린 모습이 흡사 지네의 수없는 다리와 같은 모습이었기 때문.

그러던 어느 날, 사무실에서 길이길이 입에 오르게되는 사건이 발생하였는데..

김정세 변호사

노오오오오!!

김변 지네슬리퍼 실종사건

혹시 제 슬리퍼 못보셨어요?

27. 비가 오면

244

28. 엄마

우리 엄마는 자식을 넷을 낳았고,
10년이 넘도록 수험생활하는 자녀들을 길러왔다.

일어나라~

우산 챙겨라

얼른 씻어

밥 먹어

대학 보내놓으면 끝일 줄 알았지만,
대학원에, 고시에… 뒷바라지는 끝이 없었다.

그럼에도 엄마가 늘 우리에게 하는 말이 있었다.

흑…

출출출…

나중에 결혼하더라도,
전업주부하지 말고
나가서 일 해야 해.

돈 벌어야
떳떳해.

출출출…

흑…

어려서부터 귀에 못이 박히게 들었던 말 덕분인지,
지금껏 쉬지 않고 일을 하고 있다.

지금, 우리 두 딸의 주양육자는 내가 아닌
나의 엄마이다.

ㅋㅋㅋ

엄마 왔네~

?누구심지

시터의 도움만으로 아이들을 키운다는 건
언제 깨질지 모르는 살얼음판 같은 이야기다.

시터가 일을 그만두시거나 일정이 생기면,
그럴 때마다 도움을 구할 곳은 엄마 뿐.

엄마 ㅠㅠ

장모님ㅠ

할머니♥

플리즈   헤헿 미

엄마가 없었다면 나와 남편 중 한 명은
벌써 일을 그만두었을지도 모른다.

엄마는 아이들을 돌봐주다가
어깨가 심히 아파지기도 했지만,

응~ 밥도 먹고
잘 놀고 있어

걱정 말고
일해~

♪♬

♬♪

그래도 나가 일하라고, 애들 걱정은 말라고,
오늘도 나의 아이들을 돌봐주고 계신다.

불효녀가 된 나는 나머지 가족들의 눈총을 받고 있지만,
엄마의 나를 위한 마음으로
오늘도 내 인생을 한 발 더 나아가고 있다.

고오오오…

?

오늘의 시터
-현변 여동생

죄인1

죄인2

미안해…
갖고싶은 거
다 말해 ㅠㅠ

내가 존경하는 모 강사님이 강연에서 이런 말을 하셨다.

시어머님들, 친정어머님들,
아이 좀 봐주세요.

10년만 눈 딱 감고 봐주시면,
며느리가 우뚝 서고,
딸이 우뚝 섭니다.

가끔 일에 지쳐 엄마에게 투덜거리는 모자란 딸이지만,
엄마 덕분에 오늘도 우뚝 서는 나다.

밥도 차려주라 엄마

과로에
저버린 양심

살이 빠진 엄마를 보며, 나쁜 딸은 오늘도 다짐한다.

엄마…내가
잘할게.

ㅎㅎ
각서 쓰렴

이 감사함은 평생 잊지 않으리.
반드시 갚아드리리.

247

업무특성상 변호사는 전국 각지의 법원을 돌아다니는데, 출발 전날 반드시 하는 일은 맛집 검색.

벌써 맛있겠다…

츄릅

타지역 법원 근처, 생경한 장소에서 맛보는 혼자만의 식사는 변호사라는 직업의 장점 중 하나다.

재판도 잘 마쳤고~

이제 밥 먹으러 가볼까나~♪

촐루~

왠지 놀러나온 기분

지금의 나에게 '혼밥'이란, 온전히 나만의 시간으로 충전한 뒤 일상을 버틸 수 있게 하는 활력소가 됐다.

여기 지역 변호사님들은 맛집 많아서 좋겠다…

부러움

냠 美 味

사무실 복귀해야 하는데… 돌아가기 싫고 더 있고싶네 ㅎㅎ

그리고 김변은…

나 없이 잘 지내니 즐겁니 행복하니…? 연락도 없네…

또르륵…

카톡 X 전화 X

로펌을 운영하다보면, 변호사 채용을 위해 면접을 볼 때가 종종 있다.

다들 고스펙에 너무 훌륭하신데 대체 누굴 뽑아야 하는가

누가 제현의 새로운 변호사가 될 것인가

변호 스타

말씀드린 순간 고민하는 현변~!

다른 분야와 마찬가지로, 면접자 대부분은 무채색의 정장을 입고 오는데…

정장자켓

넥타이

가방

가방

통 넓은 바지가 대다수

낮은구두나 로퍼

구두나 로퍼

몇 해 전, 기억에 남는 면접이 있었으니…

아이쿠! 눈 부셔라!

흰 얼굴에 딱 벌어진 어깨, 키는 185쯤 되어보이는 훤칠한 변호사님이 들어오시는 게 아닌가.

앗, 저것은 희귀한… (법조계에서는) 더욱 희귀한 키 크고 잘생긴 남성!!!

너무 좋아하네…

그 변호사님은 패션감각이 남달랐는데, 화려한 무늬의 노란색 넥타이와 무려 '하운드 체크무늬'의 마스크를 하고 있었다.

딱딱한 말투에, 차도남 이미지였지만 진중함이 느껴지는 분이었다.

왜케 좋아하냐고

말씀을 정말 잘하시네요.

실제로 답변도 매우 잘함

지금도 현변은 말한다.

외모 보고 채용한 거 아니라구요!

죄송하지만 저희 W변호사님 월드클래스 아닙니다.

김변도 많에 들어했다구요ㅜㅜ

우리 로펌은 인상과 인성을 최우선으로 본다구요!!!

인상도 정말 좋으셨다구요ㅜㅜ

꼭 그렇게 말해야만 속이 시원했나!

그렇게 같이 일하게 된 W변호사는, 딱딱해보였던 첫인상과는 달리 굉장히 스윗하고, 또 엉뚱한 분이었다.

※점심시간

저 죄송한데…

네?

고양이 사진 좀 보여주세요… 요새 스트레스가 너무 많아서…

고양이 테라피로 마음의 안정 완료

하…힐링됐다…

스트레스 다 풀렸다.

…대략 이런 순수한 분이었다.

옷 잘 입는 사람이 그닥 많지 않은 우리 회사에서 지금도 패션 평균수치를 마구 올려주고 계시는 W변호사님이다.

뷰티 대화 무한 가능, 브랜드 추천 완전 가능

1시간째에요… 두 분…

아무래도 C브랜드가…

그죠, 근데 D브랜드도…

무엇보다…

맞아요 맞아요

251

다른 지역으로 재판을 가게 되면
종종 그 지역에서 일하는 지인들을 방문하는 김변.

이친구
오랜만이구만

김변의 동기
변호사 ㄴ

하ㅈ~

어느 날, 지인 변호사의 사무실에서
안락의자(a.k.a.회장님의자)를 발견하게 된다.

어찌나 편한지,
깜빡 잠들었다가 눈 떠보니
다들 퇴근한 뒤였지 뭐야?

우와아...

엣헴

그걸 우린 따돌림이라
부르기로 했어.

얼마 뒤에는 다른 지역에서 일하는 C변을 만났는데,
거기에도 '안락의자'가 있는 게 아닌가!

최신
유행템인가...

탐난다...

갖고싶다...

한 번 앉아볼래?

안락의자에 누워보니,
창 밖으로 법원 전경과
푸르른 나무들이 보이는 게 신선놀음이 따로 없었다.

히야아아아아...

그 날 김변은 결심했다. 안락의자를 사기로.

우리도 사무실에
이거 놓자!
완전 좋지?

가격비교
0000000
0000000
0000000
0000000
0000000

그리고 맘에 드는 의자를 신중하게 골라
현변에게 보여주었는데...

1초만에 까였다.

기각합니다.

놉.

32. 사주의 세계

254

사실 사주나 궁합보다 더 중요한 건
변호사가 얼마나 사건에 마음을 쏟느냐와
문제를 해결하는 실력이지만.

소송이란 게 인생에서 워낙 큰 일이다 보니
의뢰인들의 심정이 충분히 이해가 된다.

33. 휴정기

그것이 다가오고 있어..!

두근

두근

장마철이 되면...
변호사들의 가슴이 뛰기 시작한다.

법조계의 '공식'(?) 휴가기간,
<여름 휴정기>가 다가오기 때문이다.

쏴리 질러!!!!!!!!

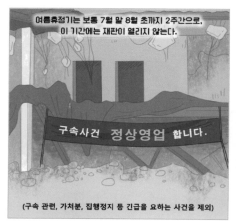

여름휴정기는 보통 7월 말 8월 초까지 2주간으로,
이 기간에는 재판이 열리지 않는다.

구속사건 정상영업 합니다.

(구속 관련, 가처분, 집행정지 등 긴급을 요하는 사건을 제외)

휴정기 동안 변호사들은 밀린 업무를 처리하거나....

-업무일치-

From. 과거의 나

휴정기의 내가 한 것입니다

:

To. 휴정기의 나

이 새X가 진짜

평소에는 재판과 업무로 휴가를 가기 어려우므로
휴정기를 활용해 여가를 즐기곤 하는데...

여행사표?
항공권 예매하려고요.

네,
언제가세요?

6개월 뒤,
7월 마지막 주 월요일요.
내년 것도 예약
가능할까요?

나의 휴가일정은 이미 정해져 있다.

여름휴가로
펜션이나 한 번
잡아볼까~

그러나 문제는....
'7말8초'가 성수기의 최정점이라는 것.

아니,
두 달이나 남았는데
어째서..?!

숙소예약-재현스정반인!

SOLD OUT
호텔 이진
월. 매진
SOLD OUT

SOLD OUT
호텔 이진
태도 없이 매진
SOLD OUT

SOLD OUT
호텔 이진
높은자에게
자비 없이 매진
SOLD OUT

SOLD OUT
호텔 이진
당연히 매진
SOLD OUT

SOLD OUT
호텔 이진
역시나 매진

어찌저찌 남아있는 숙소를 찾더라도...
가격이 어마무시하다.

방 있습니다
가격 : 1억 원

게다가 우리로서는, 소속변호사님들의 부재를 대신해
누군가는 사무실을 지켜야 하니
현실적으로 휴정기에 휴가를 가기는 쉽지 않다.

텅~

고요하군...

사무실에 사람이 있었는데요
없었습니다.

하지만 솔직히 말하면,
한적한 사무실에서 재판 없는 주간을 보내는 건
육아에 비해서는 정말 꿀이라는 사실.

호호 회사 좋아..♡
일 좋아..♡

사랑해요, 휴정기.

257

34. 법원 복장에 대하여

'여자변호사는 치마만 입느냐'라는 질문이 있었는데, 그렇지 않다.

캐릭터 복장이 고정되어 있을 뿐,

저도 바지를 입을 때가 많습니다.

요샌 슬랙스나 바지정장을 입는 여자 변호사들이 더 많다.

법정물을 보면 변호사들은 정장 셋업만 입는 듯 보이지만.. 실제 법정에서 마주치는 법조인들의 패션은 생각보다 다양하다.

와이드팬츠 +운동화

올화이트 수트

셔츠 +슬랙스

가끔은.. 너무 과하다 싶은 경우도 있긴 하다.

소개팅…?

등산모임…?

그래도 이건 좀…

또한, 남자변호사들에 비해 여자변호사들은 '포멀한 복장'의 범위가 조금 더 다양한 것 같다.

단정하기만 하면 OK

자켓 없이도 괜찮은 편

부럽다…

힝

그래서 여름이 더 수월하다.

어느 날, 저녁약속이 있던 A변. 발랄한 원피스를 입고 출근했다.

룰루~

오늘은 사무실에서 종일 서면만 쓰면 되겠군~

그 날은 출석할 재판이 없는 날이었기 때문이다. 그런데…

변호사님, 10분 후 ***님 재판 출석 가능하세요?

띠용

여변호사님이 법원 가시다가 접촉사고가 났대요!

258

하루는, 직원이 인터넷쇼핑을 했다며
현변에게 자랑을 했다.

저 어제 옷
질렀어요!

오, 어디 봐요.

갑자기
리액션을 잃어버린
대표

멍~

가슴에 칼집은
왜 나있는 거지

배꼽이...
보이네..?
소화불량 오는데

저런 옷은
연예인만 입는 줄
알았는데...
우리 직원이 입네

윗단이
부족한가?

서로를 이해할 수 없는 벽

이런 건 어느 때
입나요?

평상복인데요?

에에에?!
이거 입고 지하철
타요?!

버스도
타는데용!

네??

네??

세상 세월과 나이를 깨달은
김변과 현변이었다.

괜찮아 괜찮아

나한테는
"변호사님은
김광석 세대죠?"
라고 말했어

복수하려고

토닥토닥

내가 벌써
꼰대가 되었나봐..

여기저기 돌아다니면서 살 팔자야~

'역마살'이 있어~

대학새내기 현빈

대학생 때, 사주를 보면 항상 듣는 얘기가 있었다.

우아~

럭셔리~

전 세계를 누비며 살게 되는걸까?!

이후 수험생활을 하면서, 점차 역마살을 잊게 되었는데...

이렇게 종일 앉아만 있는데 역마살은 무슨

어제가 오늘인가

내일이 오늘인가

오늘 날짜도 모르겠네

변호사가 된 뒤, 깨달음을 얻었다.

어 머 머
맞네
진 짜 네 !

변호사만큼 역마살에 최적인 직업은 없었던 것.

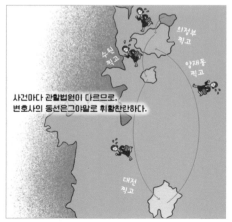

의정부 찍고

수원 찍고

양재동 찍고

대전 찍고

사건마다 관할법원이 다르므로, 변호사의 동선은 그야말로 휘황찬란하다.

사건이 전국권에 있다보니, 위로는 철원 아래로는 제주까지 광범위하다.

〈철원〉

누가 지금 이혼소리를 내었어?

변론종결 하게마씸~

〈제주〉

첫째아이는 자기 전이면 꼭 책을 들고 온다.

책 읽어주세요!

<5세 특>
1. 귀여움
2. 반복이 끝나지 않음
3. 근데 귀여움

책을 읽으면 곧 자기 때문에, 기쁜 마음으로 읽어준다.

FREEDOM

자유가 눈 앞에 보인다, 동지여!!

까- 육아해방

도비는 양말을 받았어요.

그런데 며칠 전에, 책 없이 누워있던 아이가 졸음이 오는지 '백설공주'를 읽어달라고 했다.

당황

무난한 시작

옛날옛적에 백설공주가 살았습니다.

책이 없는데.. 무슨 내용이었더라;;

김변은 당황한 티를 내지 않고 이야기를 시작했다.

"백설공주는 새엄마랑 사이가 좋지 않았어요."

모녀갈등

가-씨나가양!!

아, 바람이 닫은 거라고요!

"열받은 새엄마는 백설공주를 난장이의 집으로 쫓아냈어요."

"난장이에 집에 온 백설공주는 금세 심심해졌고, 파티에 가고 싶어졌지요."

야, 재밌는거 좀 없냐?ㅋ

대체 왜이러세요… 누구세요ㅠㅠ

쪼그만게 팍씨

형법 제319 조
<주거침입, 퇴거불응>

그래서~

까-록

…?

이야기가 뭔가 이상한 방향으로 흐르고 있다.

이야기가 익숙한데 낯설어 뭐야

이혼소송의 절차는 길고 느리다.
판결까지 가는 경우, 1년은 쉽게 넘어가곤 한다.

1년

소 제기

1심 선고

소송을 하다보면,
시간의 흐름이 피부로 확 와닿을 때가 있다.

바로, 의뢰인 아기가 폭풍성장하는 걸 볼 때다.

꾸

※첫 상담.

상담을 해야하는데
자꾸 시선이 가...

너무 귀여워 ㄲㅠ

※두번째 상담.

귀여워...!

빠...빠져든다!

그 사이에 벌써
자란 것 같아?!

박수도 치고있어

※소장 접수한 날.

의뢰인 프사

옹알옹알

어쩌고저쩌고

옹알이를 해?!

올해 태어난 주제에

※조정기일.

아기는 잘
크고 있나요?

네, 걸음마
시작했어요.

266

39. 깜빡

뭐 때문에 이렇게 바쁘게 사는걸까…

터덜

핏이 줄었디…

터덜

선생님께도 죄송하고, 양치컵도 칫솔도 없이 당황했을 아이를 생각하니 죄책감에 어깨가 축 늘어졌다.

그런데 뭘 안다고, 퇴근한 엄마에게 달려와 갑자기 여기저기 세례를 날리는 딸래미.

쪽!

엄마가 세상에서 제일 쪼아!!

순간 눈물이 핑 돌고, 가슴이 몽글몽글해졌다.

우리 꽁주!!!

엄마가 미안하고! 사랑해!!!

나… 나도 껴주라

와락

엄마도 네가 제일 좋아!!

쉽지는 않지만, 잘 해내리라 다짐하며 다시금 바짝 차려본다.

완벽히 준비했습니다.

헤헤

세상에 고충 없는 일은 없다지만, 변호사는 그 중에서도 스트레스 강도가 꽤 높은 직업에 속한다.

휴정기 언제오나요

사건이 잘 풀리지 않거나, 일이 밀려드는 날이면 그야말로 머리가 펑 터져버릴 것 같은데...

아니요

Q 지금 지쳤나요?

어느 날, 변호사 중 한 명이 현변에게 물었다.

변호사님은 스트레스를 어떻게 관리하세요?

음, 저는...

현변은 N년차 프로 명상러다.

내면의~

평온~

432hz (치유의 주파수)에 맞추어, 잔잔한 음악을 틀어놓고 매일 명상을 한다.

하지만 명상조차 할 수 없을만큼 번아웃이 되는 날이 있지 않은가.

그럴때면...

여보세요... 거기 치킨집이죠...

명상도 에너지가 있어야 하는거지

드라마를 내리 몰아보며, 고칼로리 음식을 섭취한다.

그래, 쟤가 범인일 줄 알았다니까!

사람 사는 거 다 똑같죠 뭐 헤헤

41. 변호사 시험 이야기

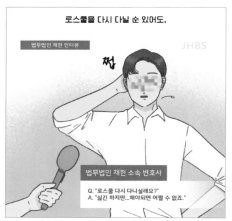

특이한 건, 전국 대부분의 학교가
같은 업체의 도시락을 먹는다는 것.
(적어도 몇 년 전까지는 그랬다.)

톤도시락
잘 차린 한상

톤죽
가장 속 편한 행복

※시험장

하…
망한 듯…

밖에서 먹으면 맛있었겠지만, 변시 때 내리 먹은
그 도시락은 모두에게 좋지 않은 기억으로 남는다.

※기숙사

재수 각이다…
엄마ㅜㅜ

뿌앵

그래서, 변호사가 되고나서도 몇 년 동안은
그 업체의 도시락은 먹지 않다.

톤

절레

절레

한편, 김변은 합격자 발표날 특유의 무심함으로
누군가를 뒷목 잡게 하였는데….

ㅋㅋㅋㅋ
ㅋㅋㅋ

그러다보니 저도 생각나는
일이 있는데…

??

변호사 시험 합격자 발표날.
김변은 친구와 함께 여행을 하고 있었다.

자유만끽 중

당시 합격자 발표 시간은 5시.
사이트에 접속하고나서, 김변은 문득 깨달았다.

?

합격자 명단		
10013	10032	10046
10047	10051	10050
10051	10067	10068
10077	10079	10083
10099	10110	10116
10123	10126	10143

수험번호를 모르는데요

수험번호를 까먹었다는 것을.
※지금은 합격자 성명이 함께 공개됩니다.

273

수험번호를 찾기 위해 법무부 홈페이지에 들어갔지만,
접속자 폭주로 서버가 다운되었다.

그렇게 다시 두어 시간쯤 지나, 김변은 거리에서
PC방을 발견해 뒤늦게 합격여부를 확인했다.

합격을 확인한 김변은 어머니에게 연락을 하기 위해
휴대폰을 꺼냈는데...

합격자 발표가 난 두어시간 전, 김변의 어머니는
로스쿨 동기 어머니와 차를 마시고 있었다고 한다.

5시가 막 지났을 무렵, 동기 어머니의 휴대폰이 울렸다.

내심 그것이 서운해, 엄마에게 털어놓았는데...

아니 아빠는 어떻게 그렇게 안 기뻐할 수가 있어?!

흥

ㅋㅋㅋㅋ

아니야, 사실 네 아빠...

그 얘기를 듣고 웃음을 터뜨린 엄마.

알고보니, 아버지는 합격자 발표날 떨리는 마음에 집주변 산을 종일 오르락 내리락 하셨다고 한다.

합격하게 해주십시오

오르락

내리락

내리락

오르락

우리 딸 붙여주십시오

합격자 발표시간이 지나도 현변으로부터 아무런 연락이 없자, 불합격한 줄 아셨다고 한다.

하늘도 무심하시지...

에휴

우리 딸 정말 열심히 했는데...

터벅   터벅

그 때 현변의 전화를 받았고, 덤덤하게 '잘했다'라는 말만 건넸지만, 이루 말할 수 없이 기뻐하셨다고 한다.

따릉

감사합니다 정말 감사합니다

아빠...ㅠㅠ

으이구

두 분 다 부모님한테 너무하신 거 아니에요?

맞아맞아

뜨끔

뜨끔

팩력배

한편, 우리 사무실의 모 변호사는 변호사시험 중 가슴이 철렁할 일을 겪었는데...

짹짹

짹짹

ZZZ..

새근~새근~

276

A변은 시험을 대차게 말아먹고
슬픈 마음으로 기숙사로 돌아왔다.

재수학원
어디로 갈까요~

신림으로 갈까요♪
신촌으로 갈까요♬

돌아오자마자 패딩도 벗지 않은 채 침대에 누워
엄마랑 통화를 했다.

응 엄마…

망한 듯…

에휴

분명 엄마와 분명 도란도란 이야기를 나누고 있었는데…

…그게 마지막 기억이다.

짹짹   짹짹

한참이 지나 눈을 떴을 때, 롱패딩도
그대로 입은 채였는데.

햇빛…?

아침…?

????

여기가 어디더라?

아…침…?

새소리와… 방안으로 스며드는 환한 햇살.
그리고 정확히 3초 후, 온몸에 스며든 소름.

오메!!!!!!!!!

끼약약대ㅑ거뜨아ㅣ렁미!!!!

괴성을 내지르며 시계를 집어들었을 때…..

11시???!!

얼음

A는 뒤늦게 깨달았다.

42. 우리도 한다, 유튜브!

아무도 모르겠지만, 우리 부부는 유튜버다.
아니, 유튜버였다.

▶ YouTube

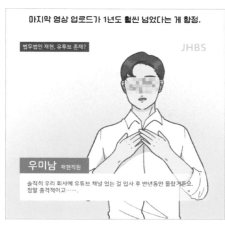

마지막 영상 업로드가 1년도 훨씬 넘었다는 게 함정.

법무법인 재현, 유튜브 존재?

JHBS

우미남 재현직원

솔직히 우리 회사에 유튜브 채널 있는 걸 입사 후 반년동안 몰랐거든요.
정말 충격적이고…….

그러나 최근, 능력자 피디님까지 모시고
야심차게 유튜브 채널을 다시 살려보기로 했다.

꽂히면 걍
하는거다

추진력의 끝판왕 현변
ISFJ계의 최대이단아

피디님과의 만남은 처음부터 느낌이 정말 좋았다.

하악하악♡

넘 능력자
같으시당

이분과 함께라면
실버버튼이 눈에 보이는
것만 같아

왕부담…

아직 아무것도
안했는데요

…집에 갈까

피디님과 우리 부부는, 실버버튼을 향한
원대한 목표를 가지고 최근 촬영을 시작하였는데…

믿으면 사실될 일

실버버튼
멀지 않았다!

앞으로 98800명만
더 모으면 돼!

…네?;;

…..문제는, 우리였다.

〈꿀노잼 부부〉

유행,
그게 뭐죠

유머,
그건 뭐죠

…ㅎ

279